L'Inde du Tendre

B.N. Goswamy

L'Inde du Tendre

Sur une idée de Jean-Louis Nou

Traduit de l'anglais par Christiane Thiollier

Mazenod

LES PHOTOGRAPHIES DES PAGES 36 à 39, 44-45, 47 à 53, 56 à 63, 67 à 69, 76, 99, 124, 128 à 139, 141 à 149, 152 à 168 SONT DE B.N. GOSWAMY ; 40 à 43, 54-55, 77 à 85, 87-88, 90 à 96, 101, 103, 110, 113-114, 118-119, 121 à 123, 125 à 127, 140, 150-151 DE JEAN-LOUIS NOU ; 64-65, 104-105, 108-109 DU FOGG ART MUSEUM-HARVARD UNIVERSITY A CAMBRIDGE ; 70 à 75, 106-107, 117 DE L'AAAUM.

EDITIONS MAZENOD - EDITIO - 33, RUE DE NAPLES, PARIS

ISBN - 2 - 850 88 - 040 - X

I

Au cours des siècles, l'expression de l'amour en Inde est allée de l'évocation la plus discrète au discours le plus explicite. Quand Vidyapati, poète du XIVe siècle, décrit la passion de Radha pour Krishna — qu'elle appelle Madhava dans ce petit poème d'une aérienne beauté — tout est dit, mais avec une extrême délicatesse :

Comme le miroir pour ma main,
Les fleurs pour mes cheveux,
Le kohl pour mes yeux,
La feuille de bétel pour ma bouche,
Le musc pour mes seins,
Le collier pour ma gorge,
L'extase pour ma chair,
Le cœur pour ma maison,

Comme l'aile pour l'oiseau,
L'eau pour le poisson,
La vie pour le vivant,
Ainsi es-tu, toi pour moi.
Mais dis-moi,
Madhava, mon bien-aimé,
Qui es-tu ?
Qui es-tu, en vérité ?

Radha pose ici les questions que toute amoureuse, « immergée » dans l'amour et ne pouvant croire qu'une telle passion soit possible, poserait à l'aimé. Mais il y a aussi dans la poésie amoureuse indienne des œuvres superbes, aux multiples résonances, qui sont beaucoup plus précises dans leurs descriptions. C'est ainsi qu'à propos de ce même couple divin, Radha et Krishna, Jayadeva, poète du XIIe siècle, évoque dans sa grande œuvre, la *Gita Govinda*, « Le Chant du bouvier », le joyeux abandon avec lequel s'ébattent les amants :

Sur les dômes de ses seins gonflés il répand le musc brillant,
Il prend des perles et les dispose en grappes d'étoiles,
  de son ongle il imprime une marque de lune.
Dans les bois, le long des sables de la Yamuna,
L'ennemi de Mura (Krishna) consomme son triomphe.

Il ceint ses larges hanches, temple de la passion,
  trône d'or de l'amour,
D'une guirlande de gemmes, marquant ainsi le lieu de sa victoire.
Dans les bois, le long des sables de la Yamuna,
L'ennemi de Mura consomme son triomphe.

Ces deux extraits ne sont pas nécessairement caractéristiques de l'œuvre de chacun de ces poètes, mais ils montrent bien les deux voies que prennent en Inde ceux qui cherchent à exprimer en mots et en images l'univers de l'amour. Le court et dense poème de Vidyapati trouve sa place parmi les textes littéraires qui traitent du *shringara*, le « sentiment amoureux » tel qu'il est représenté dans l'art en Inde ; les stances de Jayadeva, en revanche, si lyriques qu'elles soient, se situent au seuil du monde du *kama shastra*, ensemble des œuvres qui traitent de l'art d'aimer et des aspects physiques de l'amour et du sexe.

L'une et l'autre voies ont été largement suivies en Inde durant des siècles, sans qu'on puisse parler de succession chronologique ni de périodes d'importance plus ou moins grande car les deux courants se sont développés simultanément et parallèlement, tout en maintenant toujours leurs différences. Néanmoins, pour des raisons diverses, c'est la voie du kama shastra, aussi bien en littérature qu'en art, qui a suscité le plus large écho en dehors de l'Inde : la première voie, celle du shringara, reste relativement peu explorée car elle n'est pas aussi facile à appréhender, pas aussi évidente que la seconde. Au mot Inde on associe automatiquement des classiques comme le *Kamasutra* de Vatsyayana, et des monuments comme les temples de Khadjuraho ou de Konarak, avec leur profusion de sculptures figurant des étreintes amoureuses. Leur sujet occulte la plupart du temps l'art consommé avec lequel ils ont été réalisés aussi bien que la délicatesse de sentiments qui a présidé à leur conception. Cet art est, sans contredit, une des formes d'expression de la passion en Inde, mais il accapare l'attention au détriment d'autres formes — en littérature et en art — appartenant à la catégorie du shringara, c'est-à-dire privilégiant la tendresse et mettant au second plan les réalités physiques de l'amour. Il ne faut pas donner à ces catégories une rigidité qu'elles n'ont pas : le sexe n'exclut pas la tendresse et à la délicatesse des sentiments peut s'adjoindre une part de sexualité. Mais l'accent est mis sur l'un ou sur l'autre. Dans l'art et dans la littérature portant sur le shringara, la beauté physique des hommes et des femmes — surtout celle des femmes — est abondamment exaltée, mais le psychologique l'emporte sur le physique. A considérer avec une attention soutenue cet ensemble d'œuvres, on y découvre la plus grande subtilité et la plus grande finesse de sentiments. Mais il y a là une innocence, un sens de la « pureté », qui n'est pas facile à saisir pour quelqu'un d'une autre culture. C'est un monde en soi, riche de mille références et de mille nuances. Il faut être constamment en éveil pour ne pas les laisser échapper, mais celui qui fait cet effort y trouve sa récompense.

Nul n'a parlé de l'expérience amoureuse en Inde avec plus d'éloquence et de compétence qu'Ananda Coomaraswamy. Développant le thème du shringara dans la peinture rajput dans l'ouvrage de référence que — précurseur en la matière — il consacra à ce sujet en 1916, il l'aborde par le biais de l'amour de Krishna pour Radha et pour les bergères *(gopi)*, ses innombrables bien-aimées, amour qui, illicite en apparence, est en réalité le symbole reconnu du don de l'âme à « l'Epoux céleste ».

Cet amour au niveau symbolique n'est pas traité très différemment de l'amour romantique, au moins dans ses manifestations les plus extérieures, car l'humain et le divin ne sont pas considérés comme vraiment distants l'un de l'autre. Citons Coomaraswamy :

> « L'amour romantique en Inde — comme on peut s'y attendre dans un pays où les règles de la bienséance sont particulièrement rigoureuses —, c'est l'amour qui surgit au premier regard, que ce soit devant un portrait, une image de rêve, ou une figure bien réelle. C'est toujours la rencontre de Dante et de Béatrice, ce n'est jamais le sentiment qui croît graduellement du fait de la proximité et de l'amitié. Et cet inexplicable coup de foudre est toujours décrit par les poètes et les peintres en référence à l'ordre physique ; car pour eux l'âme et le corps ne constituent pas des entités séparées et opposées, l'homme ne fait qu'un. Aimer, c'est désirer : et c'est ce qui explique la si grande réserve de la femme, pénétrée qu'elle est de l'importance que revêt l'amour et ses implications dans une société où l'expression physique de la passion est à la fois symbole religieux et thème artistique. Elle est en même temps d'une profonde humilité tant lui semble infime ce qu'elle a à offrir : ici intervient l'élément religieux, l'âme s'éprouvant comme infiniment petite face à l'infiniment grand. Toutes ces considérations expliquent la muette timidité et la grâce soumise avec lesquelles la *navala bala* (nouvelle épousée) incline la tête lorsqu'elle se trouve pour la première fois seule avec son Seigneur, ainsi que l'extrême désolation de la *virahini* (celle qui est séparée de l'aimé). »

La noblesse et l'innocence qui caractérisent le sentiment de l'amour en Inde n'a pas été sans frapper bien des écrivains et des observateurs. Citons de nouveau Coomaraswamy : « Si les Chinois ont excellé à nous révéler la vie de la nature à travers les eaux et les montagnes, l'art indien, lui, nous apprend à donner sa vraie signification au désir en nous rappelant obstinément que l'âme ravie échappe à toute souillure. » En dernière analyse, selon la conception indienne, tout est inextricablement lié, le divin et l'humain, l'homme et la femme ; et ceci reste toujours présent à la conscience. Ces peintures et ces poèmes indiens qui « expriment tant de passion avec si peu de véhémence » peuvent traiter clairement de l'amour, « mais plus on s'attache à cet art sous-tendu par la passion et plus il devient clair que c'est en se référant constamment au point de vue physique qu'il réussit à éviter tout sentimentalisme et à exercer un attrait universel. L'abstrait, le spirituel sont continuellement mis en évidence par le biais du concret, du matériel ».

Citons encore une fois Coomaraswamy évoquant l'importance et la profondeur des textes littéraires de l'Inde consacrés au shringara :

> « On est surpris de voir une connaissance si intime des passions du corps et de l'âme s'allier à un tel souci de codification et de classification. Cette minutieuse élaboration ne doit cependant pas nous conduire à penser que toute cette littérature est artificielle ; voyons-y simplement le fait que l'on se trouve en présence d'hommes de l'art se servant de conventions qui leur sont particulières, et prenons conscience de ce qu'elle est au contraire si étroitement calquée sur l'expérience que plus la nôtre est grande, plus nous sommes en mesure d'apprécier son réalisme. Ce qui est le plus frappant, c'est qu'un tel savoir s'accompagne d'une telle tendresse, qu'une recherche si inlassable soit constamment illuminée par la magie d'un premier baiser. »

II

Les œuvres littéraires indiennes consacrées à l'amour (poèmes, ouvrages de rhétorique et plus particulièrement de « poétique ») sont nombreuses, en sanskrit d'abord, puis en hindi et dans quelques langues vernaculaires. Les situations psychologiques et les nuances de l'amour qui sont décrites, analysées, discutées et illustrées dans certaines de ces œuvres sont compliquées à l'extrême et examinées dans tous leurs détails, ce qui nous rend impossible de donner ici une vue un tant soit peu complète de cette littérature. Mais la compréhension que l'on peut avoir de ce que recouvre la simplicité apparente de la peinture indienne dépend si étroitement de la connaissance, même partielle, du contenu de cette littérature qu'il apparaît nécessaire de se familiariser avec au moins une de ses œuvres maîtresses. Dès lors, choisir la *Rasamanjari* (littéralement « La Guirlande des saveurs ») de Bhanudatta, poète du XVe siècle, semble particulièrement éclairant, car non seulement c'est l'une des premières œuvres à traiter de façon aussi exhaustive de l'amour sous tous ses aspects, mais encore c'est l'une des sources d'inspiration, au moins dans la tradition rajput, d'importants ensembles de peintures, dont ceux qui ont été analysés de façon approfondie dans la belle monographie de M. S. Randhawa et de S. D. Bhambri.

Une œuvre comme la *Rasamanjari*, traitant de l'amour, décrivant ses étapes, et explorant la nature et la condition psychologiques des amants, ne pouvait manquer de commencer par une classification des *nayaka* et des *nayika*, termes sanskrits désignant les amants et les bien-aimées ou, si l'on préfère, les héros et les héroïnes. Leur première caractéristique est qu'ils ne portent pour ainsi dire jamais de noms et restent — comme il est d'usage chez les poètes sanskrits — baignés dans une certaine impersonnalité. Ainsi héros et héroïnes sont-ils considérés comme des « types » et non comme des individus. Cette impersonnalisation peut être « étrangère à l'esprit de la majeure partie de la poésie occidentale et notamment de la poésie anglaise », mais il faut reconnaître que « la suggestion ne joue à plein que lorsqu'on est en présence de types et non d'individus ». Par l'élaboration de personnages-types et de situations-types, on fait en sorte d'aboutir à un mode de présentation codifié pour « chaque variété d'amour, chaque scène de nature, chaque fonction des dieux. Un simple coup de pinceau ou un seul mot pris dans ces portraits ou ces descriptions codifiés et la scène entière est évoquée. Il devient ainsi beaucoup plus facile qu'il ne l'est dans l'optique individualiste de l'Occident moderne d'aller et venir entre nature, humanité et dieux et, par le jeu de la suggestion, de donner à une humeur particulière une résonance universelle ».

Il arrive, mais seulement de temps en temps, que, dans des œuvres très fouillées sur le thème de l'amour et de ses multiples aspects, l'amant et la bien-aimée soient présentés plus ou moins explicitement comme des personnages issus des grands mythes. Les couples divins Shiva-Parvati ou Rama-Sita sont ainsi parfois mis en scène, mais ceci intervient si rarement que l'on ne pense même pas à eux en tant que nayaka et nayika dans l'abstrait. Beaucoup plus souvent, et de façon beaucoup plus convaincante, l'amant et la bien-aimée sont calqués sur, ou identifiés à Krishna et Radha, ce couple divin éternellement épris : leurs amours et leur passion totale et éperdue l'un pour l'autre figurent depuis des siècles au nombre des croyances d'innombrables Indiens.

Krishna, la huitième incarnation de Vishnu le « Conservateur » et presque assimilé à lui, est peut-être la figure la mieux connue des grands mythes indiens. Ses fidèles sont au fait d'un nombre incroyable de détails de sa « vie » relatés dans d'innombrables contes : sa naissance ; son enfance ; sa jeunesse passée dans le petit village de Gokula, entouré de ses parents en adoration et de ses compagnons de jeux ; les dangers rencontrés du fait des démons envoyés pour le tuer par son méchant oncle, le roi Kamsa de Mathura ; ses triomphes toujours renouvelés sur les démons et les difficultés de tous ordres ; les myriades de miracles accomplis par lui ; les farces d'enfant qu'il faisait au ravissement de tous ; l'accomplissement, par le meurtre de Kamsa, de son rôle prédestiné. Des générations de poètes ont célébré Krishna et son itinéraire terrestre avec passion et éloquence, chacun à sa façon et dans sa langue. Mais, rivalisant avec cette image de Krishna l'Enfant divin, intervient alors une autre image, celle de Krishna-l'Amant par excellence. Avec l'adolescence, il devient celui dont les jeunes villageoises tombent follement et désespérément amoureuses ; le « voleur des cœurs » des bergères, les gopi ; quand il n'est pas là, la vie perd pour elles toute signification ; quand elles sont avec lui, elles célèbrent leur bonheur de mille et une façons. Au milieu des bergères de Gokula se trouve Radha, dont le nom n'est pas mentionné dans le grand texte sacré qu'est le *Bhagavata Purana*, mais qui s'affirme comme la favorite de Krishna, sa compagne « prédestinée », ceci à partir du Xe siècle, sans qu'elle puisse jamais dans la suite être séparée de lui dans l'esprit de ses fidèles. L'amour des gopi pour Krishna, comme nous l'avons signalé précédemment en reprenant les termes de Coomaraswamy, se situe au niveau métaphysique ou spirituel ; c'est le symbole de l'amour qui s'empare de l'âme des hommes en quête du divin. Mais cet amour n'est que trop souvent — et sans que le poète s'embarrasse d'aucune excuse — conçu et chanté en termes concrets, physiques. Si Krishna est un dieu incarné, rien d'étonnant à ce que le divin intervienne clairement dans l'amour qui le met en jeu comme sujet ou comme objet ; mais cet amour est décrit en termes intensément humains. Amant, Krishna passe par toutes les émotions et les expériences qui sont celles de tout homme follement épris. De même Radha parcourt la gamme complète des émotions qui sont celles de toute femme amoureuse : elle est tour à tour passionnée, distraite, jalouse, irritée, clémente, etc.

Ceci étant acquis, et les amours de Krishna et de Radha étant décrites et célébrées dans tant d'œuvres littéraires et religieuses, quoi de plus naturel pour les poètes chantant l'amour dans l'abstrait que d'utiliser les figures de Krishna et de Radha comme archétypes de l'amant et de l'aimée. Ils ne sont pas nommés partout — le caractère impersonnel de la poésie sanskrite ne rend pas la chose nécessaire — mais chaque fois que surgit une référence spécifique, un détail qui ne pourrait être compris que dans le contexte de personnes amoureuses, la manière de procéder la plus efficace et la plus aisée pour le poète — et plus tard pour le peintre — est de donner au nayaka et à la nayika les traits de Krishna et de Radha. Ils évitent ainsi toute confusion et confèrent en même temps à la situation qu'ils viennent de concevoir cet air d'universalité qui est si caractéristique de la poésie amoureuse en Inde.

Il est intéressant de noter que ces textes qui consacrent tant et tant de développements aux amants et aux amoureuses donnent de loin la plus grande place aux héroïnes ou nayika. Les héros ne sont pas négligés pour autant, mais ils occupent beaucoup moins d'espace et, dans le cas d'un ouvrage systématique, leurs personnages ne sont décrits et analysés qu'en fin de parcours. Cette tradition est ancienne, puisqu'on peut la faire remonter aux premiers siècles de notre ère avec le *Natyashastra* de Bharata, cette grande œuvre traitant des arts du théâtre et y incluant la musique et la danse. Quand, dans le chapitre XXIV, Bharata aborde le thème de la « représentation harmonieuse », il entame sa section sur le shringara — ce qui « est profitable aux deux (homme et femme) et leur apporte le bonheur » — avec une description des divers types de femmes, car celles-ci sont « en vérité la source du bonheur » pour ceux qui le recherchent en ce monde. Sa classification très élaborée des femmes, en fonction de leurs types physiques, est suivie de développements sur « les règles de la bienséance à l'égard des femmes » à observer sur scène ; il énumère ensuite les signes d'amour qu'il faut savoir reconnaître et associer aux divers types de femmes, de la jeune fille à la courtisane ; il définit enfin les huit catégories d'héroïnes auxquelles des textes ultérieurs consacreront tant de soin et de sagacité.

Le traitement des nayaka et des nayika dans des ouvrages moins anciens et plus structurés portant sur le shringara débute souvent par l'affirmation suivant laquelle nayaka et nayika sont les principaux « déterminants du sentiment d'amour ». Puis suit, comme dans la *Rasamanjari* de Bhanudatta, une première répartition des nayika ou héroïnes en trois catégories de base : les *Svakiya* ou *Sviya* (« celles qui s'appartiennent »), les *Parakiya* (« celles qui appartiennent à un autre »), et les *Samanya* (« celles qui n'appartiennent à personne, ou appartiennent à tous »). Ces distinctions nous permettent à elles seules de nous représenter une société pleinement consciente de deux faits : d'abord qu'il n'y a pas que l'amour entre époux ou amants fidèles, mais qu'il y a aussi un amour qui passe outre à ces liens, l'amour extra-marital ou « illicite » ; ensuite qu'une nayika peut se donner à plusieurs individus si elle est une Samanya (« indépendante »), souvent assimilée à une courtisane, accessible à de nombreux hommes même si sa préférence va à un seul qu'elle considère comme son amant.

Cette division des nayika en catégories ne signifie pas qu'elles reçoivent la même dose d'attention de la part des auteurs. Une préférence marquée se manifeste envers la Svakiya, « celle qui s'appartient », que l'on considère comme la meilleure, la plus pure, celle qui est supérieure aux autres et possède les qualités les plus précieuses. Ceci explique que la catégorie des Svakiya compte treize subdivisions, alors que celle des Parikiya n'en compte que deux, tandis que celle des Samanya — tout au moins dans la sous-classification initiale — n'est même pas subdivisée. On dit à l'éloge de la Svakiya nayika qu'elle est complètement attachée à son « mari », que l'on dépeint aussi comme son amant, aucune distinction n'étant faite entre les deux rôles. On ne considère donc pas le mariage, à l'instar de beaucoup d'autres cultures, comme l'antithèse de l'amour, comme ce qui le détruit. Pourquoi le mari s'identifie-t-il à l'amant ? Parce qu'il possède toutes les qualités que l'on recherche dans un amant. Cela, nul ne le met en question. En ce qui concerne les autres nayika, diverses situations amoureuses sont envisagées : il faut observer le secret, imaginer des stratagèmes qui permettent les rencontres, se garder des rivales, trouver des prétextes, fournir les explications attendues, etc. Tout ceci se situe dans le contexte de la grande famille qui est la norme dans la société indienne à l'époque où fleurit cette littérature amoureuse. Mari et femme sont obligés eux aussi d'avoir recours à des stratagèmes pour se rencontrer sans que tout le monde le sache ; le fait que le nayaka et la Svakiya nayika soient mariés ne prive donc pas leur amour de cette part d'excitation et de suspens qui contribue à lui donner son prix ; il n'y a pas d'illégitimité, mais le secret demeure, avec son cortège de problèmes et de satisfactions.

Avant toute autre classification ou description de la Svakiya nayika, l'auteur de la *Rasamanjari* campe son personnage en termes généraux dans une des premières strophes :

> « Sa haute naissance lui commande de ne donner d'autres commentaires que par le subtil mouvement de ses pupilles ; un sourire erre sur sa lèvre inférieure. Quand elle parle, sa voix est si douce que ses paroles ne sont entendues que de l'aimé ; si la colère monte en elle, son esprit la contient et n'en laisse rien paraître. »

Avec ce portrait assez simple, le poète pose les jalons de ce qu'il va développer dans le reste de l'ouvrage. La direction du regard, la plus ou moins grande accentuation du sourire, l'expression ou la non-expression de la colère, sont choses qui vont être l'objet de la plus grande attention dans la *Rasamanjari* comme dans d'autres textes poétiques du même type ; ces suggestions, ces indices subtils mais éloquents, vont servir de points de repère au peintre qui va plus tard — en gardant la même subtilité et la même discrétion — trouver une correspondance picturale aux éléments définis par le poète.

Le poète nous dit que la Svakiya peut être de trois sortes, en fonction de son âge et de son expérience : elle peut être une *Mugdha*, celle qui est complètement inexpérimentée ; une *Madhya*, celle qui a une certaine expérience ; une *Praudha* ou *Pragalbha*, celle qui a atteint la maturité. La Mugdha est jeune, c'est « celle dont le corps commence à s'épanouir ». Ceci mérite d'être souligné : les mariages se contractaient dans les temps anciens à un âge très tendre, si bien que la jeune fille n'en était bien souvent pas une encore au moment de l'union. A cette catégorie de nayika quittant l'enfance est associée, dans l'esprit du poète, l'apparition d'une certaine timidité, d'une sorte de pudeur confuse. Les commentateurs se plaisent à décrire longuement la bataille qui se livre à l'intérieur de la Mugdha nayika entre les désirs qui naissent en elle et la réserve qui est l'apanage d'une jeune fille de haute naissance. Poussant l'analyse un peu plus loin, le poète distingue deux sortes de Mughda : l'*Ajnatayauvana*, celle qui n'a pas conscience de son changement d'état, et la *Jnatayauvana*, celle qui en a conscience.

Le personnage de l'Ajnatayauvana est cher au cœur du poète, car il lui offre la possibilité d'explorer les aspects physiques et psychologiques qui accompagnent cet état intermédiaire, la petite fille devenant jeune fille comme « la nuit devient jour ». Les yeux de la nayika s'allongent — détail particulièrement poétique —, ses seins se gonflent, une certaine lourdeur envahit tous ses membres, ses hanches sont plus pleines et plus larges, sa démarche se ralentit, son sourire n'a plus la même insouciance, un rire en cascades apparaît ; toutes ces transformations physiques concourent à nourrir la verve du poète. L'héroïne ne sait pas ce qui lui arrive, et c'est ce qui rend son personnage si charmant. Le poète prend plaisir à broder toutes sortes de variations sur cet état d'innocence de la toute jeune fille, comme on peut le voir dans le poème qui accompagne la peinture reproduite ici (page 36).

La Jnatayauvana Mugdha peut être de deux types : elle peut être une *Navodha* ou une *Vishrabdha Navodha* ; on y ajoute même parfois — c'est le cas dans la *Rasamanjari* — un troisième type, l'*Ativishrabdha Navodha*. La Navodha est la toute jeune mariée qui vient juste de prendre conscience qu'elle n'était plus une enfant. La Vishrabdha Navodha est la jeune mariée qui a perdu un peu de sa timidité et commence à vivre son désir pour son mari avec davantage d'assurance ; l'Ativishrabdha Navodha est celle en qui s'est développée une certaine confiance envers le bien-aimé. Les poètes imaginent des situations originales et compliquées pour illustrer chacune de ces catégories et les différencient les unes des autres par de subtiles notations. La timidité, une douce irritation, le désir de recevoir des bijoux et des cadeaux, chacune de ces caractéristiques permet de situer la nayika dans la classification. Un texte montre le roi Kama, le dieu de l'amour, élisant domicile dans le corps d'une Mugdha et se mettant à « le construire » avec soin. Sous son action, l'œil acquiert l'enjouement de la bergeronnette, le visage prend la rondeur de la pleine lune, la voix emprunte aux vagues d'une mer de nectar leur « chant acidulé », etc.

La Madhya nayika représente le type intermédiaire, à la fois en âge et en expérience. Chez elle timidité et ardeur s'équilibrent harmonieusement. Elle n'a pas encore suffisamment d'assurance pour laisser voir la violence de son amour, et cependant le désir monte en elle avec assez de force pour l'amener à faire un pas en avant. Elle est ainsi constamment habitée par deux tendances contraires. Une des caractéristiques de la Madhya nayika, selon les poètes, est que lorsque l'amant commet une faute, que ce soit ou non par inadvertance, elle lui manifeste son irritation — toujours discrètement — mais avec des degrés variables dans la discrétion.

La Pragalbha ou Praudha représente le troisième type de Svakiya. C'est celle qui a atteint la maturité. Elle connaît maintenant les chemins de l'amour. Au long des années, dit le poète, elle a appris à vaincre sa timidité naturelle. En elle « le désir a triomphé sur la pudeur ». La passion l'agite et prend parfois possession d'elle au point qu'elle perd conscience de tout ce qui l'entoure. Lorsqu'ils dressent son portrait ou la montrent dans l'exercice de l'amour, les poètes ne reculent pas devant les détails les plus directs et les plus intimes, ce qui donne lieu à de délicieuses descriptions. On distingue plusieurs sortes de Pragalbha, notamment celle qui « se complaît dans l'amour » et celle qui « s'abandonne au ravissement de l'amour » au-delà d'une certaine limite. Les Pragalbha comptent parmi les héroïnes favorites des poètes, aussi est-ce avec délectation que ceux-ci les décrivent. On peut en voir ici l'illustration dans le poème qui accompagne la planche de la p. 40.

D'autres raffinements interviennent lorsqu'il s'agit de décrire l'état de fierté, *mana*, de la Pragalbha. Quand une situation l'irrite, elle réagit différemment selon les cas, ce qui conduit à une sous-classification des Pragalbha : la *dhira* se montre ironique, mais son amour n'est pas altéré ; l'*adhira* manifeste de l'amertume dans sa colère ; la *dhira-adhira* mêle ironie et amertume.

Avançant encore dans la *Rasamanjari*, nous découvrons d'autres subdivisions. Chacune des catégories d'héroïnes que nous avons rencontrées se divise à son tour en deux sous-catégories : la « senior », *Jyeshtha*, et la « junior », *Kanishtha*. La senior n'est pas la plus âgée, ni la première femme, mais la préférée des deux « co-épouses ». Jyeshtha et Kanishtha peuvent l'une et l'autre être dhira, adhira, ou dhira-adhira. Bhanudatta explore dans chaque cas des situations amusantes et « proches de la vie ».

Une fois additionnées catégories et sous-catégories, on arrive donc à treize types de Svakiya. On compte ensuite deux types de Parakiya et un type de Samanya, ce qui nous donne jusqu'ici un total de seize. Mais il ne s'agit que d'un début et c'est peut-être ici le moment d'avertir le lecteur de l'incroyable quantité de catégories à laquelle parviennent les plus persévérants des auteurs traitant du shringara. Si l'on peut suivre aisément la première classification par âge et expérience et ses subdivisions, il est impossible de mener à son terme l'exploration puisque le champ des classifications est presque infini. Un poète comme Dev, par exemple, dans son *Rativilasa*, envisage huit catégories de départ : suivant le type physique *(jati)*, le statut social, conjugal, etc. *(karma)*, les qualités *(guna)*, la localisation géographique *(desha)*, la situation amoureuse *(kala)*, l'âge *(vayah-krama)*, le tempérament *(prakriti)* et l'ordre humain, divin, etc. *(sattva)*. Etant donné que chacune de ces catégories comporte trois ou quatre subdivisions — on en compte même huit en ce qui concerne la situation amoureuse et neuf en ce qui concerne l'ordre —, elles-mêmes à leur tour subdivisées, il n'est pas exagéré de parler de milliers de sous-catégories, autrement dit de milliers de types de nayika.

Prenons la classification examinée précédemment. Nous avons compté treize types de Svakiya, deux types de Parakiya et un type de Samanya, soit un total de seize. Si l'on subdivise chacun de ces seize types en huit sous-catégories en fonction de la situation amoureuse *(avastha)*, on obtient 128 types. Ces 128 types, subdivisés à leur tour en trois sous-catégories en fonction des qualités de caractère (guna) vont donner 384 types. Pour peu que l'on se lance encore dans d'autres subdivisions, on en arrive rapidement au chiffre astronomique de 815 816 types, constat ahurissant à tous égards. En dépit de leur subtilité et de leur patience, théoriciens et poètes indiens n'ont heureusement pas été jusqu'à ces extrêmes. Nous ne faisons ici que jeter un coup de projecteur sur ces champs possibles.

Pour comprendre comment ces distinctions s'articulent dans l'esprit des poètes et des théoriciens, il n'est pas nécessaire de mener une exploration exhaustive des catégories ; nous avons vu d'ailleurs l'impossibilité d'une telle entreprise. Mais ce qu'il est important de faire, c'est une étude approfondie de l'une des classifications, celle dont les divisions se fondent sur les situations amoureuses (kala ou avastha), car c'est de beaucoup la plus populaire et c'est aussi celle qui fournit la majeure partie de leurs thèmes aux peintures et aux poèmes consacrés aux nayika.

Avant d'entreprendre cette étude, achevons de considérer la classification initiale en Svakiya, Parakiya et Samanya. Nous avons passé en revue les différents types de Svakiya en fonction de l'âge et de l'expérience ; il nous reste à examiner rapidement les Parikiya et les Samaya. La Parikiya peut être mariée *(parodha)* ou ne pas l'être *(kanyaka)*. Elle est par essence celle « qui est amoureuse d'un autre homme » : le terme « qui appartient à un autre » se réfère à une situation amoureuse, non à une situation conjugale. Pour les Svakiya, amant et mari ne font qu'un ; pour les Parakiya au contraire, amour et mariage ne coïncident pas. Une Parakiya est amoureuse d'un homme qui n'est pas son mari, ou l'homme qu'il lui est permis d'aimer. On distingue : celle qui dissimule farouchement ses rencontres avec son amant *(gupta)* ; celle qui parle habilement *(vag-vidagdha)* ; celle qui agit habilement *(kriya-vidagdha)* ; celle dont l'amour a été découvert *(lakshita)* ; celle qui est sans morale (*kulata*) ; celle qui s'attriste de ce que son lieu de rendez-vous soit connu (*anushayana*) ; celle qui se réjouit de voir son amour s'épanouir (*mudita*). Citons encore quelques autres nayika : la Samanya considérée dans sa caractéristique essentielle, « celle qui est indépendante » et qui aime à proportion de l'argent et des cadeaux reçus, autrement dit la courtisane ; celle qui s'attriste de voir son amant s'intéresser à une autre (*anya-sambhoga dukhita*) ; celle qui est fière de garder les faveurs de son amant (*prema-garvita*) ; celle qui est fière de sa beauté (*rupa-garvita*) ; celle dont l'arrogance, ou la dureté, est plus ou moins accentuée.

De ces divers types de nayika on passe, tout au moins dans la *Rasamanjari* de Bhanudatta, à la classification dont nous avons dit plus haut l'importance, celle qui se fonde sur les situations amoureuses. Ces situations correspondent à l'une ou à l'autre des deux grandes divisions du shringara — l'amour dans l'union (*sambhoga*) et l'amour dans la séparation (*vipralambha*) — auxquelles se réfère toute la littérature amoureuse.

Une convention presque universellement acquise en Inde veut que les huit nayika appartenant à cette classification soient celles-ci, telles qu'elles sont définies par Coomaraswamy :

La *Proshita-patika*

celle dont le Seigneur est parti au loin, en fixant la date de son retour ; le jour est arrivé et il n'est pas rentré.

La *Khandita*

celle dont le Seigneur a passé la nuit ailleurs ; au matin, quand il rentre, elle lui fait d'amers reproches.

La *Kalahantarita*

celle qui repousse son Seigneur quand il tente de vaincre sa fierté ; elle se repent alors qu'il est trop tard.

La *Vipralabdha*

celle qui est exacte au rendez-vous, mais la nuit passe sans que vienne son amant.

L'*Utka* ou *Utkanthita*

celle qui attend son amant et se languit de lui.

La *Vasakasajja*

celle qui attend le retour de voyage de son Seigneur et a préparé le lit.

La *Svadhinapatika*

celle dont le Seigneur est soumis à ses volontés.

L'*Abhisarika*

celle qui part à la recherche de son bien-aimé.

Cette division des nayika en huit types (*ashta-nayika-bheda*) remonte à des temps très anciens puisqu'elle tient une place importante dans le *Natyashastra* de Bharata. Celui-ci, en considérant ces héroïnes dans le contexte d'une représentation théâtrale, définit leur nature tout en posant un certain nombre de conventions qui y correspondent : selon lui, la Proshita-patika est celle « dont le mari (littéralement, le bien-aimé) est appelé à l'étranger par d'importants devoirs, ses cheveux sont épars » ; la Khandita est celle « dont le bien-aimé, retenu par une autre femme, ne consomme pas l'union conjugale au moment requis » ; la Kalahantarita est celle « qui se morfond parce que son amant est parti à la suite d'une querelle ou d'une scène de jalousie et ne revient pas » ; la Vipralabdha est celle « dont l'amant, pour on ne sait quelle raison, ne vient pas la retrouver alors qu'ils ont convenu d'un rendez-vous » ; l'Utka est celle « que le bien-aimé ne rejoint pas parce qu'il est accaparé par d'autres engagements ; il la remplit de tristesse en ne venant pas » ; la Vasakasajja est celle qui « attendant impatiemment les plaisirs de l'amour se pare joyeusement car l'union conjugale est proche » ; la Svadhinapatika est celle « dont le mari, captivé par ses qualités et par le ravissement qu'il trouve en sa compagnie, reste auprès d'elle » ; l'Abhisarika est celle « que l'amour ou le désir pousse vers son amant et qui fait taire sa pudeur pour aller le retrouver ».

Ainsi non seulement la désignation mais encore les caractéristiques essentielles de ces huit types d'héroïnes sont restées les mêmes sur une période de près de quinze cents ans, ce qui nous montre à quel point ces catégories sont ancrées dans la pensée indienne.

Le propos du *Natyashastra* étant très concret — car le travail scénique repose sur un certain nombre de conventions — Bharata donne des indications sur la façon de montrer au théâtre les huit types de nayika. « Les héroïnes irritées, déçues et querelleuses, et l'héroïne dont le mari est au loin » (il se réfère évidemment à la Khandita, à la Vipralabdha, à la Kalahantarita et à la Proshita-patika) doivent être représentées avec certaines caractéristiques : « Anxiété, soupirs, lassitude, cœur brûlant, conversations avec des confidentes, interrogation sur soi-même, faiblesse, tristesse, pleurs, colère manifeste, apparence négligée, chagrin, lamentations. » Sont donc énumérés ici toute une série d'humeurs, d'actes ou d'attitudes parmi lesquels il s'agira de choisir en fonction de la nayika à mettre en scène. Ceci évoque les trente-trois états émotionnels complémentaires qui, toujours selon Bharata, contribuent à la « montée à la surface » du *rasa* (sentiment, saveur) suscité par un spectacle.

Dans le *Natyashastra*, Bharata explique que les nayika d'humeur plus joyeuse ou en situation plus favorable doivent être représentées différemment. Ainsi la Svadhinapatika « doit porter des vêtements aux couleurs éclatantes, son visage doit rayonner de plaisir, avec une sorte d'excès dans l'épanouissement » ; l'Abhisarika, qu'elle soit courtisane, dame de haut rang ou suivante, « doit être superbement parée et marcher lentement... on doit percevoir un certain effort et de la passion ».

Bien sûr les conventions changent jusqu'à un certain point quand on passe du théâtre à la littérature et à la peinture, mais signes distinctifs et façons d'être restent sensiblement les mêmes. Les traits caractéristiques dans l'iconographie, *lakshana*, restent si précis qu'on peut reconnaître une nayika au premier coup d'œil si le peintre a suivi fidèlement les conventions. Bharata n'entre pas davantage dans les détails, mais les peintres de périodes plus récentes, notamment les peintres rajput du Rajasthan et de la région de Pahari, se plaisent à ajouter des éléments de leur cru et à enrichir la description par toutes sortes de moyens picturaux, comme s'il voulait en dire le maximum. On jugera de la fidélité d'un peintre de la région de Pahari à l'égard d'un texte par les œuvres reproduites ici (pages 36 à 63, 116 à 167) toutes extraites d'un exceptionnel ensemble de peintures datant du troisième quart du XVIIe siècle et illustrant la *Rasamanjari*.

Au terme de son chapitre consacré aux huit nayika, Bhanudatta en ajoute une neuvième, la Pravatsyapatika, celle « dont l'amant va partir », l'état de séparation étant imminent. Puis il passe à une autre classification, fondée cette fois sur les qualités profondes de caractère. Dans cette optique, la nayika peut être une *Uttama*, une *Madhyama*, ou une *Adhama*, suivant que ces qualités sont grandes, moyennes ou réduites. Ainsi l'Adhama insulte son amant de façon grossière et se le voit reprocher par ses compagnes et confidentes.

L'auteur de la *Rasamanjari* en ayant terminé avec les différents types de nayika consacre un bref addenda à leurs compagnes et confidentes, les *sakhi*, que l'on retrouve dans tous les textes dramatiques et littéraires. La sakhi remplit toute une série de fonctions : elle assiste la nayika dans sa toilette ; elle porte à l'amant des messages — de reproche, de soupçon, de supplication, etc. ; elle donne des conseils ; elle égaie l'atmosphère par son entrain et ses plaisanteries. Grave conseillère quand il le faut, elle aide aussi la nayika à prendre confiance en elle, l'encourage avec douceur, lit dans ses sentiments et démêle les intentions que trahissent les faits et gestes de l'amant.

Une distinction doit être faite entre la sakhi et la *duti*, qui sert essentiellement de messagère. Dans ce rôle de va-et-vient entre l'amant et l'aimée, la duti peut montrer de grandes qualités d'éloquence et de ténacité, mais la sakhi est beaucoup plus une compagne, quelqu'un vers qui la nayika se tourne dans toutes les situations.

Le shringara repose sur deux « piliers » (c'est là le terme employé par les textes) : la nayika et le nayaka, ou amant. Mais si les situations amoureuses mettent bien en jeu les deux parties, l'attention des poètes et des théoriciens se porte en priorité sur les nayika qu'ils décrivent, analysent et classent infatigablement. Les héros ne sont cependant pas laissés de côté. Les catégories dans lesquelles ils entrent ne manquent pas d'intérêt, bien que ne s'y manifestent pas la même pénétration ni la même tendresse. La *Rasamanjari* classe les nayaka en trois groupes : les maris (*pati*), les amants (*upa-pati*) et les « galants » (*vaishika*) ; on peut considérer qu'ils sont le pendant des Svakiya, des Parakiya et des Samanya. Le pati peut entrer dans quatre catégories : celui qui se consacre uniquement à sa femme ou bien-aimée (*anukula*) ; celui qui manifeste une égale attention à toutes ses femmes ou bien-aimées (*dakshina*) ; celui qui est entreprenant (*dhrishta*) et celui qui est fourbe (*shatha*). Bhanudatta ne s'attarde pas sur l'upa-pati, se contentant de dire que « les amants appartiennent aux quatre mêmes catégories que les maris ». Le vaishika, ou « galant », c'est celui qui fréquente les courtisanes, le libertin. Il peut se situer à trois niveaux : supérieur, moyen et inférieur. D'autres catégories d'importance mineure sont définies et illustrées par des exemples, mais elles n'aident pas véritablement à la compréhension des types de héros qui sont décrits. L'équivalent-homme de la sakhi est le *sakha*. Il peut être de trois types : celui qui a le don d'apaiser une amoureuse courroucée (*pithamarda*) ; celui qui est expert en l'art de l'amour et sait pénétrer les faits et gestes des amants (*vita*) ; celui qui parvient à réunir amant et aimée (*cheta*). Un quatrième type peut aussi être retenu : l'amuseur ou le clown (*vidushaka*).

Assez curieusement, ce n'est que vers la fin de la *Rasamanjari* que Bhanudatta consacre un chapitre aux étapes et aux signes distinctifs de l'amour. Peut-être a-t-il pensé qu'il ne pourrait donner une définition claire des signes par lesquels l'amour se manifeste qu'après avoir décrit et interprété les différents types de nayika et de nayaka, de sakhi et de sakha. A quelque considération qu'il ait pu obéir, le chapitre est en tout cas d'un très grand intérêt. On connaît déjà plus ou moins, pour les avoir indirectement rencontrés lorsqu'étaient évoqués les situations amoureuses et l'état d'esprit des nayika et des nayaka, ces étapes et ces signes distinctifs. Mais il s'agit ici de définitions précises, à fin de codification. Viennent d'abord les huit *sattvika bhava*, états qui correspondent à des fonctions corporelles ; on ne peut ni les simuler, ni prétendre qu'ils sont ce qu'ils ne sont pas : les membres se paralysent, on transpire, les poils se dressent, la voix change, on tremble, le corps change de couleur, on pleure, on s'évanouit. Il est intéressant de noter que ces mêmes états sont aussi recensés par Bharata dans le contexte du théâtre. Il en examine les causes : ainsi la transpiration peut provenir « de la colère, de la crainte, de la joie, de la honte, du chagrin, de l'effort, de la maladie, de la chaleur, de l'exercice, de la fatigue, de l'été, du massage » ; les pleurs peuvent résulter « de la joie, de l'indignation, de la fumée, de la pose d'un collyre, du bâillement, de la crainte, du chagrin, d'un regard trop soutenu, du froid, de la maladie » ; et ainsi de suite.

Dans le cas qui nous intéresse ici, les signes corporels qui apparaissent chez l'amant et chez l'amoureuse sont évidemment causés par l'amour. Un certain nombre de textes donnent une analyse très fine des diverses étapes par lesquelles passe l'amour : le processus est généralement comparé à la croissance d'une plante et, pour évoquer les premiers mouvements de l'amour, on nous parle de « la graine qui germe », des « feuilles qui apparaissent », des « bourgeons qui se forment », de « la fleur qui s'épanouit ». Dans le choix des termes, les auteurs jouent sur les nuances avec autorité et délicatesse. Ces analyses subtiles se concluent toujours par la constatation qu'il y a deux sortes d'amour : l'amour dans l'union et l'amour dans la séparation — comme nous l'avons vu déjà. Telles l'envers et l'avers d'une monnaie, ces deux faces de l'amour ne sont pas dissociables. La séparation n'est pas irréversible, comme en cas de mort ou d'accident ; temps de souffrance et d'épreuve, elle prend fin avec l'union, *sambhoga*, décrite comme l'apogée de l'amour et la source de plaisirs incomparables.

L'amour dans la séparation, *vipralambha*, englobe, selon les poètes et les théoriciens qui y consacrent de longs développements, dix états : l'attente (*abhilasha*), l'anxiété (*chinta*), le souvenir (*smriti*), l'énumération des vertus et des qualités de l'aimé (*gunakirtana*), la détresse (*udvega*), les gémissements (*pralapa*), l'agitation (*unmada*), la maladie (*vyadhi*), la prostration (*jadata*), la mort (*marana*). En fait, le dixième état n'apparaît jamais car ce serait en contradiction avec les conventions établies. Il n'est même pas évoqué par un poème car, selon les auteurs, « il détruit tout *rasa* (joie, saveur) ».

La naissance du désir — son apparition soudaine — est provoquée, disent les auteurs, par certaines circonstances : on entend vanter les qualités de la personne dans une conversation, on l'aperçoit en portrait, dans un rêve, ou dans la vie réelle. Ces trois dernières circonstances entrent dans la catégorie du *darshana* et le poète Bhanudatta conclut sa *Rasamanjari* par trois strophes d'une grande beauté évoquant la rencontre avec l'aimée sous ces trois formes. La toute dernière strophe de l'ouvrage, qui donne le nom du poète et son lieu d'origine, est, suivant l'usage, précédée par une courte strophe qui exprime l'espoir que d'autres poètes, « dans leur bonté », prendront cette « guirlande des saveurs », composée de « mots saturés de miel » pour en « orner leurs oreilles ».

III

Les classiques de la littérature sanskrite et hindi ont constitué pour les peintres indiens une source intarissable dans laquelle ils ont constamment puisé. En illustrant les thèmes des grandes épopées — le *Ramayana* et le *Mahabharata* — ou des contes tirés des *Purana*, comme le *Bhagavata -P.*, le *Shiva -P.* et le *Markandeya -P.,* ils étaient sûrs d'éveiller un écho immédiat dans le cœur et l'esprit de tout Indien ; les œuvres de la poésie sanskrite, religieuse ou profane, offrirent aussi une part de leur inspiration aux peintres de la tradition rajput. D'importants ensembles de peintures prirent naissance à partir de ces œuvres et le répertoire du peintre alla s'agrandissant au fur et à mesure que s'écrivaient des ouvrages en hindi et dans les nombreux dialectes de l'Inde, c'est-à-dire surtout à partir du XVIIe siècle. C'est ainsi que des œuvres comme la *Gita Govinda* de Jayadeva, l'*Amarushataka* (traditionnellement attribué à Amaru), la *Chaurpanchashika* (« Les Cinquante Stances du voleur d'amour ») de Bilhana, le *Naishadhacharita* de Sriharsha, le *Rasikapriya* et le *Kavipriya* de Keshavadasa, le *Satsai* de Bihari, le *Sundarashringara* de Sundara semblent avoir été familières aux peintres du Rajasthan aussi bien que de la région de Pahari. Il est très vraisemblable que l'intérêt porté par un mécène à telle ou telle œuvre littéraire, ou l'encouragement reçu d'un Pandit (homme savant et religieux — brahmane) dans telle ou telle principauté, étaient déterminants dans la mise en chantier de l'ouvrage ; il se peut aussi que le peintre, n'ayant pas directement accès à la langue d'une de ces œuvres classiques, ait travaillé en collaboration avec un lettré de la cour. Il semble en tout cas certain que dès qu'un peintre entreprenait une série de peintures à partir d'un texte littéraire, avec le propos non pas simplement de l'illustrer mais d'en fournir l'équivalent pictural, il s'attachait à comprendre le sens premier de l'œuvre mais aussi à capter sa signification profonde et son « parfum ». S'il se trompait sur un terme ou une situation, comme cela arrivait parfois, le Pandit était là pour rétablir l'exactitude. Nous possédons un bel exemple de la manière dont pouvaient collaborer un peintre et un Pandit, celui-ci supervisant du début à la fin la réalisation d'un important ensemble de peintures, avec une série fondée sur le *Naishadhacharita* de Sriharsha, qui relate l'histoire charmante de Nala et de Damayanti (conte puranique) ; la chance veut en effet que nous ayons là à la fois une superbe ensemble de peintures (inachevé), et une série de dessins préparatoires qui y correspondent. En marge de ces dessins, dont quelques-uns seulement ont été publiés, on trouve parfois des notes qui montrent bien le processus de collaboration entre le peintre et le Pandit : celui-ci y indique comment, de son point de vue, sens et atmosphère (*bhava*) du poème devraient être restitués visuellement. Ce cas ne se présente pas souvent, mais un seul exemple, surtout quand il est aussi significatif que celui-ci, suffit à nous rendre apparente la démarche créatrice et donc à confirmer nos hypothèses.

Il est intéressant de noter que le thème dominant de chacun des textes classiques que nous venons de citer est le sentiment amoureux, shringara, sous tous ses aspects. La forme diffère — récit romanesque, long poème avec enchaînement de strophes — mais le « parfum » de l'amour est toujours présent, et c'est ce qui, à toutes époques, attire irrésistiblement le peintre. Les peintures reproduites en pages 36 à 63, 116 à 167 du présent ouvrage appartiennent toutes à un remarquable ensemble réalisé dans la région de Pahari à partir de l'œuvre que nous avons retenue comme typique du genre, la *Rasamanjari* de Bhanudatta. Cette œuvre très dense, qui n'est composée que de 138 strophes, a pour thème — nous l'avons vu — la classification des nayika et des nayaka, des amants et des amoureuses. Ouvrage de référence pour les théoriciens du langage et de la « poétique » de l'amour, elle n'a pas vu le jour dans les collines du Panjab. L'auteur — probablement venu du Bihar — a, semble-t-il, achevé son œuvre dans un des royaumes Bahmani du Deccan à dynasties musulmanes. La région de Pahari se situe très loin à la fois du Bihar et du Deccan, et cependant ce très beau texte y a vite été connu et — à en juger par les ensembles de peintures qu'il a inspirés et qui ont été conservés — a même été soudain l'objet d'un véritable engouement de la part des peintres et des mécènes entre 1660 et 1730.

C'est dans les Etats de Basohli et de Nurpur que cet engouement semble s'être brusquement déclaré. Peu étendus et peu importants politiquement, ces deux Etats accordaient de tradition une grande place à la peinture et, durant cette période de trois quarts de siècle, à notre connaissance au moins quatre séries de peintures fondées sur la *Rasamanjari* y furent exécutées. Nous ne disposons malheureusement que d'informations incomplètes sur ces travaux, comme sur beaucoup d'autres choses qui se sont faites dans la région de Pahari, mais la chance a voulu que le colophon d'un de ces ensembles nous soit parvenu, nous confirmant le sujet des peintures et nous donnant de précieuses indications de date, de lieu, et d'origine de la commande. Ce colophon apparaît à la fin du « troisième » ensemble fondé sur la *Rasamanjari* (selon la terminologie de W. G. Archer) et indique que cette série fut peinte pour Kripal Pal, Raja de Basohli, sur les rives de la Ravi, dans les années 1694-1695, par le peintre Devidasa. Dans les peintures consacrées à la *Rasamanjari* qui sont reproduites ici, nous n'en avons inclus que deux appartenant à l'ensemble du peintre Devidasa. Mais c'est par référence à la date de cet ensemble de Devidasa que le plus ancien ensemble consacré à la *Rasamanjari* qui nous soit connu — appelé « premier » ensemble par W. G. Archer et où nous avons pris la plupart des peintures illustrant la *Rasamanjari* qui figurent dans cet ouvrage — a pu être lui-même daté ; on le considère généralement comme remontant à la génération antérieure, c'est-à-dire à 1660-1670. Son lieu d'exécution ne nous est pas connu, mais Archer trouve des arguments convaincants pour le situer à Basohli. Le nom du mécène et celui de l'artiste n'étant pas connus, ce n'est que sur des éléments de style ou de circonstance que l'on peut se fonder, et c'est ce que fait brillamment Archer. Il nous semble malgré tout utile de noter que Devidasa, le peintre de l'ensemble de 1694-1695, a pu venir de Nurpur, qui se trouve juste en face de Basohli, sur l'autre rive de la Ravi — nous avons connaissance d'un artiste de ce nom travaillant à cette époque et appartenant à une grande famille de peintres de Nurpur — mais on ne peut rien dire de plus pour l'instant. En même temps il est indéniable que le nom de Basohli est associé dans notre esprit à quelques-unes des plus anciennes œuvres picturales qui nous sont venues de la région de Pahari, œuvres tenues en très haute estime par les historiens d'art car elles allient à un sens aigu de la couleur et à un dessin sec et ferme une sensibilité poétique très affirmée. Leur style a été analysé avec tant d'acuité par W. G. Archer que nous ne pouvons mieux faire que de le citer largement. Sa description ne se rattache pas spécifiquement au « premier » ensemble illustrant la *Rasamanjari* — il part ici d'un autre ensemble qui lui est apparenté et qui est bien connu, « l'ensemble Devi » — mais ce qu'il dit peut s'appliquer à toute œuvre de cette époque provenant de Basohli :

> « Le style de cet ensemble ("l'ensemble Devi" de 1660-1670 provenant de Basohli) se caractérise par des fonds rouge ou jaune vif, des nez pointus, de petites têtes, des visages acérés aux grands yeux ardents et à l'expression sauvage ; des formes et des détails obéissant à une géométrie sous-jacente ; des tableaux qui débordent parfois sur les bordures ; des couleurs riches et variées, modulées poétiquement ; des surfaces doucement brunies ; l'abondante utilisation de morceaux d'élytres de scarabées, brillant comme des émeraudes. Membres et visages ont un certain modelé, mais la convention qui prévaut est celle d'un plan unique sans perspective marquée.
>
> « On ne peut que faire des conjectures sur l'origine de ce style empreint d'une magnificence barbare et d'une somptuosité sauvage et sophistiquée. Des contacts avec la peinture moghole qui se faisait à la cour des empereurs Shah Jahan (1626-1656) et Aurangzeb (1656-1707) peuvent expliquer certains traits : habileté technique, raffinement des détails, puissance de représentation. Mais par bien d'autres caractéristiques : couleurs hardies et poétiques, arbres schématisés, paysages symboliques et distorsions audacieuses, cette peinture est bien loin de la peinture moghole. Le Tibet et le Népal, en dépit de leur adhésion aux cultes du bouddhisme tantrique — qui

ont pu suggérer aux marchands le terme de "Tibeti" — n'eurent pas de contacts culturels, religieux ou politiques avec Basohli et ce n'est en fait qu'avec trois groupes de peintures, toutes du Rajasthan ou de l'Inde centrale, qu'on peut tenter des parallèles du point de vue stylistique. »

Archer se penche ensuite fort à propos sur le style des peintures du « premier » ensemble illustrant la *Rasamanjari* lorsque celles-ci s'éloignent des conventions observées par celles de « l'ensemble Devi » ou en ajoutent d'autres. Il note ainsi « l'utilisation frappante de couleurs fortes et variées pour les fonds : écarlate, pourpre, jaune d'or, orange, ivoire, vert sombre, vert pâle, brun chocolat, noir tirant sur le vert », ajoutant que ces « vifs contrastes [...] sont pour beaucoup dans l'étincelante vitalité qui est un trait si marquant de cet ensemble ». Le traitement des visages de femmes, note-t-il, « est le même que dans le Devi, mais l'absence d'équipements guerriers et la tranquillité de l'environnement font que la même langue picturale suggère ici l'intensité de la passion plutôt que la cruauté sauvage. Toutefois l'insertion de morceaux d'élytres de scarabée conserve à cette série son caractère de somptuosité barbare ». Archer souligne aussi l'utilisation hardie « de vastes rectangles, la composition étant souvent focalisée sur une chambre ouverte, située soit de côté soit au centre, et flanquées de collines désertes ou de bouquets d'arbres ». Il dit encore : « Une approche schématique et symbolique de la nature, de l'architecture et de l'homme autorise l'artiste à jouer librement avec les formes et les dimensions, ceci pour accentuer les variations de rythme, souligner le drame humain, ajouter à la poésie. Les arbres, en particulier, deviennent fréquemment de minuscules silhouettes tordues, les feuilles sont représentées l'une à côté de l'autre, tandis que chambres et personnages sont souvent extrêmement agrandis. » Et Archer de conclure, parlant toujours de ces peintures relatives à la *Rasamanjari* : « En contraste avec les peintures qui seront exécutées quelque dix ans plus tard, chaque élément est nettement dessiné, avec une précision parfois presque trop dure du trait. »

De tous les ensembles illustrant la *Rasamanjari*, qu'ils soient de Basohli ou d'ailleurs, ce « premier » ensemble est, tel qu'il est constitué actuellement, de beaucoup le plus vaste. La plus grande partie de la série se trouve à la Dogra Art Gallery de Jammu ; le Sri Partap Singh Museum de Srinagar possède également quelques pièces de cette série. En dehors de l'Inde, on retrouve des peintures appartenant à cet ensemble dans la collection Rothenstein, abritée actuellement par le Victoria and Albert Museum de Londres, et au Museum of Fine Arts de Boston. Dans ces deux derniers cas, il semble qu'elles aient été acheminées par l'entremise d'Ananda Coomaraswamy qui en publia quelques-unes en 1916 et en 1926 sans pouvoir identifier de façon précise le texte qui les avait inspirées : il se réfère à elles comme à des illustrations provenant d'un « ensemble rattaché au *nayaka-nayika-bheda* ». La série tout entière a vraisemblablement appartenu à une famille de Basohli, celle de Pahda Kunj Lal ; c'est aussi le cas de plusieurs autres peintures, notamment celles consacrées au couple Nala-Damayanti qui se trouvent dans la collection du docteur Karan Singh. C'est dans la famille Pahda que se recrutaient traditionnellement les médecins de la famille royale de Basohli et c'est probablement ce qui explique l'importance de ses collections. Il est vraisemblable aussi que c'est d'elle que vinrent — non pas directement, mais par l'intermédiaire d'un marchand — les peintures acquises par Coomaraswamy et entrées plus tard dans la collection Rothenstein et au Museum of Fine Arts de Boston.

Au cours de son étude du « premier » ensemble illustrant la *Rasamanjari*, Archer se demande pourquoi cette vaste œuvre picturale, qui dépeint « le comportement, les émotions, les humeurs et les sentiments des amoureux, et les classe suivant des codes littéraires reconnus en catégories incluant galants de haute naissance, maîtresses mariées de courtisans, époux et épouses », met si souvent en scène Krishna alors que, dans le texte de Bhanudatta, il n'apparaît que rarement, si même il apparaît. Archer se réfère à des « circonstances particulières » qui expliqueraient cette présence, qui ne se renouvelle pas — il a raison de le souligner — dans les ensembles ultérieurs illustrant la *Rasamanjari*. Son argumentation se fonde sur l'hostilité qu'aurait rencontré à l'origine le culte de Krishna à Basohli et sur la nécessité qu'il y aurait eu à ne représenter le Dieu bleu que discrètement. Il se pourrait cependant que la meilleure explication soit la plus évidente. Krishna est le plus aisément reconnu de tous les nayaka, si l'on considère les innombrables situations amoureuses dans lesquelles la poésie sanskrite l'a placé et représenté ; or dans ces peintures aussi c'est un nayaka, héros ou amant, instantanément reconnaissable comme tel, et non pas cette figure divine vers laquelle a toujours convergé tant de ferveur (*bhakti*). Amant inconstant ou fidèle, passionné ou distant, c'est Krishna le nayaka que nous retrouvons dans ces interprétations picturales de la *Rasamanjari*. Il est presque certain que même ses fidèles les plus ardents ne pouvaient voir d'objection à une telle représentation, la distance n'étant pas grande entre Krishna l'amant et Krishna le Dieu adoré.

Les ensembles qui font suite au « premier » optent pour une représentation plus « séculière » du nayaka, caractéristique que nous avons déjà mentionnée. Ainsi — de même que dans le « troisième » ensemble, celui de Devidasa — dans un autre ensemble illustrant la *Rasamanjari*, provenant peut-être de Nurpur et connu maintenant des historiens d'art comme « l'ensemble illustrant la *Rasamanjari* de Kasturbhai Lalbhai » à cause de la belle collection d'Ahmedabad dont il fait partie, le nayaka prend les traits d'un jeune galant de l'époque, ceux peut-être de Dayadhata, Raja de Nurpur. Cette série comporte quelques charmantes peintures, mais elle est d'un niveau inégal et n'a pas la verve du « premier » ensemble, ni même du « troisième ». On date l'ensemble de Kasturbhai Lalbhai du premier quart du XVIIIe siècle. Il n'est pas interdit de penser que l'entière conception d'une suite consacrée à la *Rasamanjari*, exécutée d'après des compositions soigneusement mises au point et souvent répétées, pourrait être due à une famille d'artistes de Nurpur ; s'il en était ainsi, cet enchaînement de quatre séries réalisées l'une après l'autre, comme par des générations successives de peintres, revêtirait un intérêt exceptionnel.

De ces œuvres consacrées à la *Rasamanjari* combien ont disparu ? Il est impossible de le savoir, mais il est bon de noter qu'un assez vaste ensemble de ce type a été exécuté, semble-t-il, dans un style très différent, celui que nous associons actuellement à la région de Mandi-Bilaspur. Nous disposons aussi ici et là de quelques travaux qui paraissent inspirés de la *Rasamanjari*, mais ils sont chaque fois en si petit nombre — quand ils ne sont pas uniques — que l'on ne peut songer à les considérer comme parties d'un ensemble.

IV

Les innombrables peintures indiennes ayant l'amour pour thème ne se rattachent pas nécessairement à un texte de rhétorique amoureuse comme la *Rasamanjari* de Bhanudatta ou le *Rasikapriya* de Keshavadasa, pour ne citer que deux remarquables et célèbres ouvrages de ce type, le premier en sanskrit, le second en hindi. Elles peuvent apparaître dans des contextes très différents : œuvres uniques ne s'intégrant pas dans un ensemble ; œuvres rattachées à un long récit poétique même quand elles ne sont pas directement commandées par le texte ; œuvres conçues pour correspondre à une scène que, dans l'esprit du peintre, le poète ou l'écrivain devait avoir en tête. L'artiste peut parfois choisir, pour réaliser un ensemble pictural ou un manuscrit illustré, une œuvre littéraire longue et compliquée, narrant des aventures multiples et des exploits de toutes sortes. Mais, dès l'instant où l'amour intervient dans l'histoire (amour dans l'union ou amour dans la séparation), le peintre plonge sans effort dans son répertoire relatif à « l'expérience amoureuse » — classification des héros et des héroïnes, situations dans lesquelles ils sont placés — et insère dans sa série une peinture ou une suite de peintures qui précisent les choses, interprètent ou exaltent le sentiment en cause. Tout se passe comme si, une fois que l'artiste s'était pénétré d'une œuvre comme la *Rasamanjari*, cette œuvre ne le quittait plus et réapparaissait dans sa peinture dès que l'occasion le permettait.

Quand les conventions, en poésie comme en peinture, sont employées de façon répétée et sur une longue période de temps, il est naturel que la situation devienne périlleuse et que l'on risque à tout instant de tomber dans le cliché. C'est donc à juste titre que Daniel Ingalls, dans sa présentation d'un des « trésors » de la poésie de cour sanskrite, le *Subhashitaratnakosha* de Vidyakara dont il est le traducteur, met en garde son lecteur contre les conventions « usées ». Mais son jugement reste nuancé :

> « Un poète dépourvu de sensibilité ne trouvera que trop aisé de se conformer à des modèles poétiques convenus en reprenant des métaphores déjà cent fois utilisées. Il dira de la nuit, quand l'atmosphère est à l'amour, qu'elle est noire comme la gorge du coucou ; quand c'est l'héroïque qui prévaut, qu'elle est sombre comme la lame d'épée d'un roi ; quand l'horreur domine, qu'elle est impénétrable comme la fumée d'un bûcher funéraire. Lorsqu'une tradition est cultivée depuis deux mille ans, il s'y accumule un dangereux stock de beauté facile. Mais aucune poésie ne tiendrait si nous devions juger de ses conventions par l'usage qu'en font des mains fatiguées. Dans les mains d'un vrai poète, les métaphores en langue sanskrite peuvent produire des effets stupéfiants. Je n'en donnerai qu'un seul exemple :
>
> Les femmes de la Cité triple pleuraient de leurs yeux de lotus
> Tandis que les frôlaient les flammes-flèches de Shambhu ;
> Tout repoussé qu'il fût, le feu leur agrippait les mains,
> Ecarté, il taquinait le bord de leurs vêtements,
> Chassé, il leur caressait les cheveux, et méprisé
> Comme l'amant qui vient d'en aimer une autre,
> il se couchait à leurs pieds.
> Puisse ce même feu consumer vos péchés. »

Le commentaire que fait Ingalls de cette strophe mérite attention, car il nous montre comment poèmes et peintures peuvent opérer à partir de formules apparemment usées et nous éclaire ainsi sur tout un mode d'expression :

> « Cette strophe, probablement écrite par Bana mais communément attribuée à Amaru (elle apparaît comme la deuxième strophe d'imploration de sa fameuse suite), comprend une série d'images suivies d'une comparaison explicite et d'une prière. Les images mettent en scène Shambhu (Shiva), c'est-à-dire Dieu, lançant ses flammes sur

la triple citadelle des démons. Des beaux yeux des femmes de la citadelle coulent des larmes et elles tremblent tandis que les flammes les entourent. Ceci est l'image formulée. Mais cette image et celles qui la suivent sécrètent leurs doubles, des images qui ne sont pas formulées mais suggérées. La première est celle d'une femme dont la fierté est blessée parce qu'elle croit son mari infidèle. Elle tremble tandis qu'il l'étreint et pleure sans oser le regarder. Dans la seconde image formulée, les flammes s'aggrippent aux mains des femmes bien que celles-ci tentent de les repousser, ce qui suggère l'image de l'amant qui se confond en excuses auprès de sa maîtresse. La suite est à l'avenant : les cheveux caressés, le bord du vêtement taquiné, soit par les flammes du Dieu dans le récit mythologique, soit par l'amant soucieux d'amadouer sa bien-aimée. La brève comparaison : "Comme l'amant qui vient d'en aimer une autre" confirme la nécessaire combinaison des deux suites d'images. Vient enfin la prière : "Puisse ce même feu consumer vos péchés." »

Et Ingalls de poursuivre :

« A l'exception de la dernière ligne, toute la strophe est faite de métaphores évoquant l'amour. Dans la poésie amoureuse, la femme qui tremble et refuse de regarder son amant prosterné à ses pieds n'est jamais vraiment insensible à ses attentions ; elle est seulement jalouse de ne les partager avec aucune autre. Selon les conventions, elle est habitée non tant par la douleur que par la passion, au sein de laquelle joie et douleur sont mêlées. On remarque dans cette strophe que l'évocation de la souffrance est suivie chaque fois par l'évocation du plaisir ; aux pleurs succèdent les étreintes et les caresses. Les premières images du poème sont donc là pour suggérer que l'acte de destruction de Shiva est un acte d'amour, la manifestation de son amour pour les démones ; c'est aussi l'évocation de la mort que Dieu nous apporte à tous et de notre réponse passionnée à son amour. Mais la grandeur du poème réside dans sa conclusion. La formule d'imploration crée immédiatement une atmosphère apaisée. Demander à Dieu de "consumer vos péchés" par ce même feu, c'est demander quoi ? Si ce feu est celui de la joie et de la peine humaines, c'est demander que nos joies et nos peines consument notre *karma* de telle sorte que nous puissions retourner purifiés et en paix à la source d'où la flamme a jailli. Par son art de la suggestion, le poète réussit en quelques lignes à passer du particulier à l'universel et de l'évocation du tumulte de la passion à celui de la paix de l'âme. Juché d'abord sur un haut plongeoir, le lecteur se trouve d'un coup dans une eau fraîche et calme. »

Il n'est probablement pas aussi aisé d'analyser une peinture qui s'éloigne des conventions ou en use avec autant d'originalité que le fait ce poème, car le mode d'expression est radicalement différent et l'appareil pictural n'offre pas les mêmes moyens : les jeux de mots, les glissements de sens n'ont pas d'équivalents visuels et les évocations à références multiples sont difficiles à transposer, mais, malgré tout, les choses fonctionnent pour l'essentiel de la même manière en peinture et en littérature. Il y a des peintures éblouissantes ; parfois une émotion, un sentiment y sont exprimés avec tant de délicatesse, tant de fraîcheur que l'on dirait qu'ils le sont pour la première fois. Comme l'a dit Coomaraswamy à propos de la poésie amoureuse, cela est proche du miracle. Quand il y a pureté et authenticité de l'expression, une peinture a beau se servir de conventions usées, elle ne suscite ni la satiété ni l'ennui.

Dans un très grand nombre de peintures autres que celles appartenant aux ensembles *Rasamanjari* ou à des suites du même genre, les personnages sont facilement identifiables : ce sont des nayaka et des nayika, héros et héroïnes de tel ou tel type, placés dans telle ou telle situation amoureuse. Mais il nous faut maintenant examiner une autre sorte de peintures. C'est la représentation d'une nayika hors de tout contexte, son portrait en quelque sorte, exprimant tout le charme et toute la grâce qui la caractérisent. L'artiste a ici pour propos d'exalter la beauté de la jeune femme : tantôt elle lève les bras en arrondi au-dessus de sa tête tout en gardant timidement les yeux baissés ; tantôt elle se pare de ses bijoux avec l'aide de sa suivante ; tantôt elle ajuste son voile ; etc. On peut chaque fois s'interroger sur la catégorie à laquelle elle appartient et sur la situation dans laquelle elle se trouve. Seule une chose est sûre, c'est que l'amour est toujours sous-jacent. Plusieurs possibilités sont à envisager : peut-être la jeune fille ou jeune femme est-elle celle qui « prend conscience qu'elle n'est plus une enfant » ; peut-être vient-elle de vivre ce moment où son regard et celui de l'amant se sont pour la première fois croisés ; peut-être sa pose apparemment innocente et sans apprêt a-t-elle été étudiée pour séduire un amant que l'on ne voit pas ; etc. Le peintre peut aussi tout simplement faire ce que font si souvent les poètes : montrer dans tous leurs détails et dans toute leur poésie les mille et une beautés d'une femme. Un genre poétique s'applique à cela, la *nakha-shikha-varnana*, c'est-à-dire la « description depuis les tresses jusqu'aux orteils ». Le poète prend chaque trait physique : coupe du visage, couleur et parfum des cheveux, courbe des sourcils, grandeur et forme des yeux, nez, lèvres, dents, menton, etc. et le célèbre au moyen de ces fameuses images qui abondent dans la poésie sanskrite. On entre ici dans le domaine complexe des *lakshana*, signes et traits caractéristiques composant l'être idéal, qu'il s'agisse du Bouddha ou de la plus gracieuse des beautés. Les images poétiques servent à définir et à préciser la forme féminine par excellence. Dans leurs portraits de femmes, les peintres semblent vouloir trouver, avec leur habituelle délicatesse, l'équivalent pictural des « descriptions depuis les tresses jusqu'aux orteils ».

Une autre possibilité reste à considérer. Les peintres prennent parfois pour thème les types physiques des femmes : la femme-lotus (*Padmini*), la femme parée ou usant d'artifices (*Chitrini*), etc., thème qu'évoquent invariablement les textes sur l'art d'aimer en des descriptions souvent riches de poésie, telle celle de la Padmini dans le célèbre *Kamasutra* de Vatsyayana :

> « La Padmini est celle qui possède les qualités physiques et morales que voici : son visage est avenant comme la pleine lune ; son corps potelé est doux comme la fleur de moutarde (*shira*) ; sa peau est délicate, tendre et claire comme le lotus jaune, elle n'est jamais foncée ; ses yeux sont beaux et brillants comme ceux d'une biche, bien découpés, avec une pointe de rouge aux extrémités ; ses seins sont durs, gonflés et plantés haut ; son cou est dégagé, son nez droit et bien dessiné ; trois plis ou rides s'inscrivent sur son ventre, autour de l'ombilic. Son vagin, *yoni*, ressemble à un bouton de lotus entrouvert et son fluide d'amour, *kamasalila*, est parfumé comme le lys qui n'a pas encore éclos. Elle a l'allure du cygne et sa voix basse et musicale rappelle celle du coucou, *kokila* ; elle aime les habits neufs, les bijoux précieux et les riches toilettes. Elle mange peu, dort légèrement et, comme elle est aussi déférente et pieuse qu'elle est intelligente et courtoise, elle se plaît à rendre un culte aux dieux et à écouter la conversation des Brahmanes. Telle est donc la Padmini, la femme-lotus. »

Il est évident qu'un peintre a beaucoup à prendre dans une telle description.

Il nous a semblé opportun de conclure ce bref essai par quelques textes poétiques sanskrits qui ne soient pas extraits de traités de rhétorique ou d'ouvrages de classification des nayaka et des nayika, ceci afin de tenter de voir comment ce voile d'impersonnalité que tisse la poésie sanskrite laisse transparaître dės situations amoureuses et des types de héros ou d'héroïnes analogues à ceux qui sont analysés dans une œuvre comme la *Rasamanjari*.

Les auteurs de ces textes poétiques ne donnent pas aux nayaka et aux nayika d'appellations spécifiques, mais le peintre familiarisé avec les diverses classifications peut facilement faire lui-même son interprétation. Prenons l'exemple du sixième chant de la *Gita Govinda* :

> Elle se couvre de parures
> Quand une feuille frémit, quand une plume tombe.
> Escomptant votre venue,
> Elle prépare le lit
> Et charme de méditations sa longue attente.
> En décorant le lit de toutes sortes d'ornements,
> Gracieuse et enjouée,
> Elle évoque cent petites choses de vous.

Jayadeva présente ici Radha comme une Vasakasajja telle que la décrivent les textes traitant du shringara. Mais dans le septième chant, Radha est devenue sans aucun doute possible une Vipralabdha :

Juste à l'heure de notre rendez-vous, Hari a évité les bois.
Jeunesse et parfaite beauté ne me servent de rien.
Auprès de qui chercher refuge ?
Les conseils de mes amies sont trompeurs.

Les bracelets et bijoux que je portent me blessent,
Le feu de la désertion de Hari les rend incandescents.
Auprès de qui chercher refuge ?
Les conseils de mes amies sont trompeurs.

....

Le chant final de la *Gita Govinda* est évocateur lui aussi :

Ô Yadava, ta main est sur mes seins plus fraîche que le santal ;
Peins donc avec du musc une feuille sur cette coupe rituelle
d'amour,
Voici ce qu'elle disait au joyeux Yadava,
dont les ébats lui ravissaient le cœur.

Sur mes cheveux brillants dénoués par le jeu d'amour,
pose des fleurs, ô Krishna !
Qu'un chasse-mouches plus étincelant que les plumes du paon
devienne la bannière de l'amour,
Voici ce qu'elle disait au joyeux Yadava,
dont les ébats lui ravissaient le cœur.

Radha est ici complètement sous le charme et, la passion ayant atteint son point culminant, Jayadeva la fait apparaître maintenant comme une Svadhinapatika nayika.

On peut trouver des exemples analogues chez un certain nombre de poètes et notamment dans le *Subhashitaratnakosha* de Vidyakara, cette charmante anthologie où chaque poème est un tout en soi. Là aussi, chaque fois qu'il s'agit d'amour, il est relativement facile de repérer à quel type de nayika ou de nayaka on a affaire. Ainsi dans un poème de Rajashekara :

Le sourcil apprend à ne danser que sur une partie de sa ligne ;
Une lueur de maturité apparaît dans les yeux ;
Les seins commencent à s'épanouir ;
La taille s'affine tandis que les hanches s'élargissent ;
Petit à petit, sur chaque membre,
L'adolescence donne des gages à son proche compagnon, l'amour.

Nous nous trouvons évidemment en présence d'une Mugdha nayika, c'est-à-dire d'une ingénue, de la catégorie des Jnatayauvana, celles qui « commencent à prendre conscience de l'épanouissement de leur corps ».

La jeune femme décrite dans la strophe suivante est fort différente ; c'est une Pragalbha, celle qui a atteint la maturité et « se complaît dans l'amour » :

Elle étreint l'aimé avec une passion intense,
Son corps vibre, ses membres sont brûlants,
Elle tend ardemment son visage à ses baisers
Et boit à ses lèvres l'ambroisie.
Tout ce qu'elle dit, c'est « non », encore et encore ;
Et cependant, sa vertu jetée aux vents,
Elle célèbre le rituel d'amour
En tous points, sauf qu'elle ne dit pas « oui ».

Prenons maintenant une strophe dans les *Amarushataka* :

Elle repousse son amant à coup de paroles méprisantes
Alors qu'il s'incline devant elle ;
Mais à peine fait-il
Quelques pas hors de la chambre
Qu'elle le rappelle, court et se prosterne en même temps,
Tenant dans ses mains le nœud de sa jupe.
Ah, comme les voies de l'amour sont étranges !

On a ici le type même de la Kalahantarita nayika, « celle qui est frappée de remords après une querelle avec son amant ».

La nayika Proshita-patika, « celle dont l'amant/époux est parti au loin », apparaît clairement dans les deux poèmes qui vont suivre, le premier de Chitranga, le second de Vakkuta :

Elle s'avance jusqu'au centre de la maison,
Puis gagne l'entrée ;
Elle sort enfin dans la cour ;
Mais elle ne voit toujours pas son bien-aimé.
Qu'elle est belle la voix enrouée de larmes
Avec laquelle elle s'écrie :
« Ô corbeau, ô oie sauvage, ô petit merle (sarika),
ô perroquet,
Quelles nouvelles avez-vous à me donner ? »

(Chitranga)

Quand ses compagnes lui demandent pourquoi elle se dessèche
Comme un jasmin meurtri, la timide jeune femme
Affligée par l'absence cependant ne dit rien ;
Retenant les pleurs dont ses yeux sont remplis,
Elle ne fait que jeter un regard
Sur le manguier qui bourgeonne dans la cour.

(Vakkuta)

Terminons par une brève mais ravissante pièce d'un auteur anonyme évoquant une nayika d'une sous-catégorie mineure, l'*anya-sambhoga-dukhita*, « celle qui souffre de ce que sa messagère ait engagé avec son amant un assaut d'amour » :

Lèvre blessée,
Meurtrie de tous côtés ;
Ô, messagère, tu as pris part
A un combat, non à une ambassade.

Ce jeu auquel nous nous sommes amusés avec la poésie, nous pouvons y jouer aussi avec les innombrables peintures indiennes qui appartiennent, avec la même force d'expression, au magique royaume de l'amour.

L'INDE DU TENDRE

Illustrations et commentaires.

SOUDAIN L'ENFANT DEVIENT JEUNE FILLE

Peinture extraite d'un ensemble illustrant la *Rasamanjari*.
Gouache sur papier.
Pahari, 3e quart du XVIIe siècle ; d'un atelier de Basohli.
Au dos, poème sanskrit ; sur le bord supérieur, la légende définit l'héroïne :
« L'ingénue qui ne se doute pas que survient l'adolescence. »
Dogra Art Gallery, Jammu ; n° 348.

Des trois principales catégories d'héroïnes ou de bien-aimées, nayika, que distinguent les théoriciens indiens : « celles qui s'appartiennent », « celles qui appartiennent à un autre (qu'à l'époux) » et « celles qui n'appartiennent à personne ou qui appartiennent à tous », ils considèrent les premières comme les plus attachantes, celles qui sont dotées des qualités les plus précieuses. Ces nayika sont réparties en de multiples sous-catégories, l'une des premières et des plus délicieuses étant constituée par « les ingénues » ou « les inexpérimentées ». Au sein de ce groupe, l'héroïne peut encore être du type que l'auteur de cette charmante miniature définit comme « celle qui ne se doute pas encore que survient l'adolescence ». Voici ce que dit à son propos le célèbre texte poétique (la *Rasamanjari*) :

> "L'adolescence est survenue par surprise. La nayika au visage de lune se sèche, debout près de l'étang. Ses yeux rayonnants, que l'eau réfléchit, ressemblent à des lotus ; elle se dit que des fleurs en boutons sont peut-être restées suspendues à ses oreilles et agite les mains pour les écarter. Son regard s'abaisse ensuite sur son corps que recouvre un duvet soyeux ; croyant y voir des algues, elle tente de s'en dépouiller. Ses hanches se sont alourdies et, dans sa virginale innocence, elle ne cesse de demander à sa compagne : "Suis-je lasse, ou que se passe-t-il ? " »

L'amour est ici clairement sous-jacent, car c'est lui qui commence à se manifester au plus profond de la nayika sans qu'elle en ait conscience. Si l'amant, ou le héros, n'apparaît pas dans cette peinture, le peintre pose néanmoins certains indices. La chambre à coucher dans le pavillon à droite n'est pas sans signification et les floraisons qui s'observent de toutes parts sont des plus suggestives. C'est dans cet environnement que l'innocence de la jeune fille est célébrée par le poète. Que

ses yeux soient immenses et « murmurent à ses oreilles », comme il le dit (voulant signifier par là qu'il s'étirent sur toute la largeur de son visage sans qu'aucun espace les sépare des oreilles), est un phénomène auquel elle n'est pas encore accoutumée, d'où sa méprise lorsqu'elle observe son reflet dans l'eau. Elle prend ses « yeux de lotus » pour d'authentiques fleurs en boutons et balaie de la main son visage afin de détacher ce qui, pense-t-elle, a dû s'accrocher à ses joues lorsqu'elle est sortie du bain. Le peintre, impuissant à faire apparaître le ravissant et soyeux duvet auquel se réfère le poète, a choisi de représenter la chevelure en cascade de la nayika comme deux bouquets d'algues dont la couleur tire sur le vert. Quant au brusque et mystérieux alourdissement de son être, tel qu'il est évoqué par le poète, le peintre parvient à merveille à le suggérer en drapant le bas du corps de la nayika dans une étoffe blanche à raies qui accuse l'épanouissement des hanches. Le « poids » qu'elle supporte l'amène à s'incliner légèrement et on remarque le contraste qu'elle forme avec sa compagne qui, elle, se tient droite et ferme, simplement parce qu'elle a acquis l'habitude de soutenir son corps.

Les arbres et les bosquets entrecroisent leurs branches ou sont serrés les uns contre les autres, manière subtile de suggérer que l'héroïne sera bientôt en compagnie de l'amant, maintenant qu'elle est devenue une jeune fille, avec tout ce que cela comporte d'attente, de force et de passion. Le plan d'eau, au bas de la peinture, contribue à l'expression picturale des idées du poème avec ses boutons de lotus entrouverts et les fleurs mises en évidence en son centre. On peut aussi regarder les feuillages en dômes liserés de rouge et le cyprès comme des métaphores évoquant les seins arrondis et la taille élégante de la nayika. Si ces interprétations vont au-delà des intentions de l'artiste, la peinture a atteint son but, car, après tout, ne s'agit-il pas essentiellement d'engager dans l'esprit du spectateur un processus de résonance ?

ELLE SE COMPLAÎT AUX JEUX DE L'AMOUR

Peinture extraite d'un ensemble illustrant la *Rasamanjari*.
Gouache sur papier.
Pahari, 3e quart du XVIIe siècle ; d'un atelier de Basohli.
Au dos, poème sanskrit ; sur le bord supérieur, la légende définit l'héroïne :
« L'épanouie qui se complaît aux jeux de l'amour. »
Dogra Art Gallery, Jammu ; n° 372.

Dans cette scène où les deux amants reposent sur le lit dans une chambre richement décorée, les membres entrelacés, les yeux clos, pleins d'une passion inapaisée et toujours renaissante, la nayika manifeste une remarquable présence d'esprit jointe à une évidente malice, car elle est « l'épanouie qui se complaît aux jeux de l'amour ». Les rites de l'union ont été célébrés encore et encore, et la nuit s'est écoulée sans que l'amant s'en soit soucié. Soudain il reprend conscience du temps et demande à la nayika si l'aube est apparue. La jeune femme, affligée à l'idée que le jeu d'amour va prendre fin si l'aimé se rend compte que le soleil est près de se lever — car des règles strictes interdisent l'union amoureuse pendant le jour — met rapidement au point un stratagème. Voici ce que dit le poète :

> « La nuit aux pieds légers s'enfuit tandis que l'amant célèbre un rite d'amour après l'autre : tantôt il suce la lèvre inférieure de l'aimée, rouge comme le *bimba* (fruit de la Momordica monadelpha), tantôt il caresse ses seins, tantôt il enlace sa gorge avec transport, dénouant ses cheveux tressés et dépouillant son corps des derniers vestiges de vêtements qui le recouvrent. Soudain il s'inquiète de savoir si le soleil s'est levé. La nayika, ne voulant pas voir se terminer ces jeux d'amour, couvre précipitamment du bout de ses vêtements les boutons de lotus dont elle a paré ses oreilles de crainte que, les voyant ouverts sous l'effet du jour, l'amant ne se doute que l'aube est apparue. »

Bien évidemment, à la lumière de ce que décrit le poète, l'œil se porte d'abord vers le geste de la nayika portant ses mains des deux côtés de son visage pour empêcher son amant de se rendre compte, en voyant ouverts les boutons de lotus qui ornent ses oreilles, que le jour s'est levé : la passion de la jeune femme égale au moins celle du héros et elle ne souhaite pas plus que lui quitter le lit d'amour. Mais le peintre ne s'attarde pas sur ce geste et consacre tous ses soins au rythme harmonieux et balancé du corps des amants. D'autres éléments ajoutent à l'atmosphère : les lampes dont les flammes sont près de s'éteindre, les oiseaux qui pépient dans les branches du jardin, le petit étang qui reprend vie avec le jour, le gardien que la fin de la nuit remet sur pied, tout concourt à affirmer cette venue du jour que craignent les amants brûlant d'une passion inapaisée. Nulle couleur au ciel qui puisse suggérer l'heure.

Comme dans les autres peintures de cet ensemble, le peintre se soucie peu de la perspective. Il n'accorde d'intérêt aux distances et aux arrière-plans que lorsque c'est absolument nécessaire, comme dans le petit tableau situé tout à fait à droite. Pour le reste, il se satisfait entièrement d'un certain manque de relief et semble même éprouver quelque prédilection pour ce mode de représentation. Les objets sont penchés, déplacés, agrandis, rapetissés, élargis, rétrécis en fonction de la signification que le peintre veut leur donner. Ce qui l'intéresse par-dessus tout, c'est de rendre sensible l'essence de la situation, et il y parvient parfaitement. Les couleurs dont il joue — rouges éclatants du mur et d'un des traversins, orange des vêtements, gris et bleu du corps de Krishna et de l'ouverture de la porte, verts assourdis ou vifs du petit paysage extérieur — se caractérisent toutes par leur intensité et concourent à évoquer la passion des corps.

FURTIVE RENTRÉE EN GRÂCES

Peinture extraite d'un ensemble illustrant la *Rasamanjari*.
Gouache sur papier.
Pahari, 3e quart du XVIIe siècle ; d'un atelier de Basohli.
Au dos, poème sanskrit ; sur le bord supérieur, la légende définit les héroïnes : « Les patientes, senior et junior. »
Dogra Art Gallery, Jammu ; n° 354.

Le héros a fait attendre non pas une mais deux de ses bien-aimées, co-épouses, et l'une comme l'autre expriment leur colère et leur désillusion en allant dormir avant qu'il soit rentré. Nous comprenons bien qu'ordinairement elles auraient attendu son retour mais que, ayant conclu (à juste titre) à son inconstance et n'espérant plus le voir arriver, elles ont décidé d'aller dormir plutôt que de rester à attendre. Il revient, plein de honte et de crainte, et anxieux à l'évidence de s'expliquer et d'obtenir une réconciliation. Mais comment faire ? Il est clair pour lui que d'apaiser l'une des deux bien-aimées sera plus simple que d'apaiser les deux ensemble. Il décide donc d'attirer furtivement l'attention de celle dont il est le plus épris, la « senior », appelée ainsi non parce qu'elle est la plus âgée, mais parce que son amour pour elle prend le pas sur son amour pour l'autre. Les deux bien-aimées partagent le même lit : l'amant grimpe tranquillement sur son propre lit, se tourne sur le côté et tire doucement sur le vêtement de sa favorite. Voici ce que dit le poète :

> « Le nayaka, levant la tête, voit ses deux bien-aimées aux yeux de lotus qui dorment sur le même lit. L'une d'entre elles s'est voilé le visage ; il s'approche furtivement de l'autre, tire doucement sur son sari et l'éveille de son sommeil. »

Le peintre comprend manifestement très bien la situation avec ce qu'elle comporte d'humour et de passion. Les visages des deux jeunes femmes sont chacun tournés de côtés différents de telle sorte que celui de la favorite regarde vers le lit sur lequel s'est installé l'amant. Celui-ci parvient de toute évidence à la sortir de son sommeil sans déranger l'autre car, tout en tirant avec une certaine énergie sur le vêtement de l'aimée, il maintient le lit immobile en appuyant sur le haut d'un des pieds. L'éveil de la nayika est brillamment suggéré par le peintre : le sari rayé avec lequel elle s'est couverte semble épouser le rythme de ses mouvements encore ensommeillés. On peut y lire aussi la montée du désir. L'animation du corps de la favorite fait contraste avec la forme immobile, inerte, de l'autre qui repose, le visage tourné dans la direction opposée à ce petit drame. Conscient du rôle que peuvent jouer motifs et texture, c'est la favorite que le peintre dote du sari rayé, tandis qu'il recouvre l'autre d'un vêtement au dessin beaucoup moins intéressant.

Pour bien mettre la situation en lumière, le peintre a réduit les accessoires et les objets annexes, tout en jouant toujours sur le brillant des couleurs. L'intérêt de l'artiste pour les motifs et les éléments décoratifs persiste et va du décor des étoffes aux dessins géométriques qui ornent la porte de bois rouge, la plinthe de la chambre principale et les corniches et créneaux qui surplombent la scène. Cependant, soucieux de ne pas détourner l'attention de l'action riche d'implications qui prend place sur les deux lits de la chambre, le peintre a supprimé le tapis et placé les lits sur un fond de sol gris-bleu. La disposition des lits, si elle peut sembler périlleuse, est aussi celle qui assure le plus grand champ de vision possible.

QUAND LES CHOSES SE METTENT À PERDRE LEUR SIGNIFICATION

Peinture extraite d'un ensemble illustrant la *Rasamanjari*.
Gouache sur papier.
Pahari, 3e quart du XVIIe siècle ; d'un atelier de Basohli.
Au dos, poème sanskrit ; sur le bord supérieur, la légende définit l'héroïne :
« Celle dont l'amant est parti au loin ; du type Madhya. »
Dogra Art Gallery, Jammu ; n° 389.

L'amant est hors d'atteinte, il est parti pour un long voyage en pays étranger, faisant ainsi de cette nayika une Proshitabhartrika. Chaque type de nayika a sa réaction propre face à une situation comme celle-ci. La Madhya a une certaine expérience, elle sait ce que cela signifie pour un amant de s'absenter pour longtemps et elle sait aussi faire effort pour cacher sa tristesse. Mais elle ne réussit pas tout à fait à contenir sa peine et ses amies ne sont pas longues à remarquer le changement qui l'affecte. Selon le poète, l'une de ses proches compagnes se permet même un commentaire :

> « Ô amie, les vêtements que tu portes sont les mêmes qu'avant ; tu n'as pas changé de bracelets ; la ceinture rehaussée de pierreries qui t'enserre la taille est celle que tu portais hier. Mais tu sembles ne plus jouir du printemps ; il est là pourtant, l'air retentit du bourdonnement des abeilles et du pépiement des oiseaux. On dirait que tout cela a perdu toute signification pour toi et s'est transformé en un fardeau. Comment expliquer cela ? Je m'interroge. »

Ce n'est pas que la compagne de la nayika ignore la cause de son état. La question est de pure rhétorique et la jeune femme ne fait que souligner que, bien que rien n'ait en apparence changé, quelque chose est mort dans le cœur de la nayika. Elle formule en clair la vérité intérieure de l'héroïne et ce que le poète veut que nous en sachions. Lorsque nous regardons les deux femmes sur la peinture, nous identifions la nayika comme étant celle de droite, ses vêtements plus recherchés et le gros coussin placé derrière elle indiquant sa situation sociale supérieure ; la sakhi, à gauche, est élégamment habillée elle aussi, mais on remarque la différence. Le geste d'étonnement innocent de la nayika souligne ce que lui dit, et nous dit, la sakhi, et son expression lointaine et imperceptiblement triste — qui contraste avec la contenance plus enjouée de la sakhi — révèle son état intérieur. Le peintre ne peut insister outre mesure sur les parures de la nayika ; il consacre donc surtout ses soins au printemps qui resplendit au-dehors : d'harmonieux arbustes fleuris tendent leurs branches vers le ciel et les oiseaux qui y sont perchés semblent chanter l'arrivée de ce temps de fête. Le fond jaune contre lequel se détachent ces buissons rouge et vert accentue la joie qui est dans l'air et qu'évoque la sakhi ; mais dans la chambre l'atmosphère reste feutrée et mélancolique.

La brillante imagination du peintre lui fait exprimer la note d'inquiétude qui est sensible dans le poème par le biais des deux extrémités du socle sur lequel prend appui la chambre. Il leur donne la forme de têtes de crocodiles (*makara*) irrités et grondeurs, ceux-ci tenant une place prééminente parmi les animaux mythiques mis en scène par le sculpteur et par le peintre. Mais ici la présence des têtes de makara n'obéit pas, comme ce peut être parfois le cas, à une convention décorative proche du cliché. Si on les voit apparaître de temps à autre, sous des formes qui diffèrent chaque fois légèrement, dans ce bel ensemble illustrant la *Rasamanjari*, c'est toujours quand il le faut, c'est-à-dire dans les moments où un élément d'inquiétude ou de tension intervient dans la situation des amants.

ELLE BOUILLONNE D'UNE RAGE SILENCIEUSE

Peinture extraite d'un ensemble illustrant la *Rasamanjari.*
Gouache sur papier.
Pahari, 3e quart du XVIIe siècle ; d'un atelier de Basohli.
Au dos, poème sanskrit ; sur le bord supérieur, la légende définit l'héroïne :
« L'épanouie qui a été trompée. »
Dogra Art Gallery, Jammu ; n° 335.

Il est clair qu'il y a place pour les fautes dans les situations d'amour ; cependant, au moins dans la littérature amoureuse de l'Inde, il semble que la plupart d'entre elles soient commises par l'amant. Les réactions de la nayika sont variables : elle peut être de celles qui n'ont même pas pleinement conscience de la faute, ou qui ne savent pas encore comment réagir devant elle ; ou bien elle peut, comme ici, être suffisamment « mûre » pour prendre parfaitement la mesure de la faute, mais en même temps se dire qu'il est prudent de contenir sa fureur et se contenter de montrer à l'amant, sans pour autant en faire un drame, qu'elle sait parfaitement ce qui s'est passé. Pour signifier au bien-aimé ce qu'elle ressent, la jeune femme trouve un moyen élégant :

L'amant a rejoint la nayika au petit jour, et celle-ci en a conclu à bon droit qu'il avait passé la nuit avec « une autre » ; en effet, non seulement il n'est pas rentré le soir, mais encore il a sur le visage des marques rouges révélatrices. Elle s'interroge sur ces marques : la tête de son bien-aimé aurait-elle frotté contre les pieds teintés de rouge de l'autre femme au moment où il se serait prosterné devant elle pour lui marquer son entière soumission ? Ou le contact des pieds et du visage se serait-il produit au cours d'une union amoureuse ? Elle ne lui fait cependant aucune remontrance. Voici en quels termes l'amant rapporte à son confident les circonstances de son retour :

> « Quand je suis rentré ce matin et qu'elle a vu les marques rouges des "pieds de l'autre" sur mon visage, ma bien-aimée a juste penché un peu la tête et puis elle est restée sans bouger, comme si elle était une figure peinte sur le mur. Elle ne m'a pas injuriée ; ses yeux n'ont pas rougi de colère. Elle s'est contentée de tourner vers moi le miroir qu'elle tenait à la main afin que j'y voie mon visage. »

La nayika est très nettement ici une Khandita, « celle qui a été trompée ». On comprend mieux la référence au miroir lorsque l'on sait que voir son visage dans un miroir le matin est considéré comme favorable ; le fait que la nayika ait eu son miroir à la main quand l'amant est rentré situe le moment du retour et donne aussi à la jeune femme l'occasion de mettre l'amant en face de sa culpabilité.

Le peintre fait coexister deux scènes. A droite, les amants se retrouvent dans la chambre ; à gauche, le héros relate à son confident comment les choses se sont passées. Quelques arbres stylisés en arrière-plan suggèrent que l'amant revient de loin. Il faut être vigilant pour ne pas passer à côté du sujet du tableau car il n'y a ni signe manifeste de colère sur le visage de la nayika ni expression coupable sur celui de l'amant. L'émotion ne s'exprime que très légèrement sur les traits des deux héros, pour l'essentiel elle reste contenue. C'est à travers les gestes que se traduit ce qui est en jeu. Ceci se retrouve dans la plupart des peintures de la série ; les poèmes inscrits au dos aident dans chaque cas à comprendre la situation et les amateurs ou les connaisseurs de l'époque devaient y avoir accès facilement.

JE ME DEMANDE CE QUI M'A PRIS

Peinture extraite d'un ensemble illustrant la *Rasamanjari.*
Gouache sur papier.
Pahari, 3e quart du XVIIe siècle ; d'un atelier de Basohli.
Au dos, poème sanskrit ; sur le bord supérieur, la légende définit l'héroïne : « Celle qui est frappée de remords après une querelle. »
Dogra Art Gallery, Jammu ; n° 359.

Lorsque les amants se querellent, comme c'est le cas parfois, il arrive que la nayika aille trop loin ; l'amant peut supporter une certaine dose de protestation et de réprimande, mais quand la colère dépasse la mesure, il tourne les talons et s'en va, provoquant ainsi — c'est ce que disent les textes — un remords immédiat chez la nayika. Elle se dit que sa colère était justifiée, mais que dignité et maîtrise de soi auraient dû l'empêcher de l'exprimer si violemment. Une brusque crainte l'envahit : elle peut de ce fait avoir perdu son amant pour toujours. Son cœur s'affole à cette idée et, sa détresse devenant insoutenable, elle veut faire partager son angoisse à sa confidente. La nayika est ici une Parakiya, elle « appartient à un autre », et c'est avec son véritable amour qu'elle s'est querellée. Se voir privée maintenant de l'aimé lui semble insupportable. Voici ce qu'elle dit à sa compagne :

> « J'étais irritée, c'est vrai, mais ma fureur m'a fait injurier et insulter mon amour ; elle m'a fait oublier que pour lui j'avais passé outre aux avis de mes aînés, négligé les sarcasmes des uns et des autres, abandonné toute retenue, renoncé à mes amies et à mes compagnes, mis de côté ma pudeur comme si c'était une paille et passé des torrents impétueux comme s'il s'agissait de quelques gouttes d'eau. Ô amie, qu'ai-je fait ? J'ai dû perdre la raison ; un destin tout-puissant a dû intervenir. »

Presque tous les éléments du discours de la nayika se retrouvent dans la peinture : les aînés dont elle avait ignoré les conseils ; l'endroit où — écartant toute pudeur — elle avait coutume de retrouver son amant ; la rivière qui lui paraissait si peu de chose lorsqu'elle la traversait, nuit après nuit, pour rejoindre l'aimé ; etc. Le texte est suivi presque pas à pas. Mais il faut se mettre ici à la place du peintre exécutant une série de peintures : ce sont précisément tous ces détails qui lui permettent de varier ses décors et de s'échapper un peu hors des chambres où amants et amoureuses se livrent à leurs multiples jeux d'amour. On reconnaît l'habileté de l'artiste à la manière dont il intègre détails et petits tableaux dans une composition d'ensemble, parfaitement harmonieuse en soi, sans qu'on sente l'étroite adéquation au texte. Ni la chambre où se tiennent les aînés sur la droite — pour laquelle il fait jouer un effet de distance —, ni la rivière, ni le bosquet ne choquent picturalement parlant. Ignorerait-on que le poème contient des références spécifiques à ces éléments qu'il ne viendrait même pas à l'esprit de les regarder comme plaqués. Le centre de la peinture est réservé à l'essentiel : l'abattement de la nayika déversant un torrent de paroles sur sa compagne. Le peintre nous demande d'imaginer que l'amant, que nous voyons s'éloigner plein de colère sur l'extrême gauche, n'appartient pas en fait à la peinture. Il s'en est allé déjà, son départ courroucé étant la cause du tourment de la nayika. Pour nous indiquer qu'il n'est plus physiquement présent, le peintre a interposé entre lui et les deux femmes un rideau d'arbres. Détail significatif encore, les buissons fleuris marquent la venue du printemps, saison qui ne peut qu'aviver la peine endurée par la nayika solitaire.

ELLE EST ALLÉE EN VAIN AU RENDEZ-VOUS

Peinture extraite d'un ensemble illustrant la *Rasamanjari.*
Gouache sur papier.
Pahari, 3e quart du XVIIe siècle ; d'un atelier de Basohli.
Au dos, poème sanskrit ; sur le bord supérieur, la légende définit l'héroïne : « L'ingénue abusée. »
Dogra Art Gallery, Jammu ; n° 365.

Les aspirations ne sont pas toujours comblées et bien souvent les nayika attendent indéfiniment l'aimé. La nayika que nous voyons ici est une Mugdha, elle n'a pas encore l'expérience de l'amour. Elle ne voulait pas aller jusqu'au bosquet où l'amant s'était engagé à la retrouver, ceci par manque d'assurance, timidité et pudeur. Ses compagnes avaient dû faire de gros efforts de persuasion pour la convaincre de s'y rendre. Selon le poète, elles ne s'étaient pas montrées très honnêtes, car elles l'avaient abusée avec toutes sortes de promesses — comme de rester avec elles — lorsqu'il s'était agi pour elles de vaincre sa résistance. La nayika s'était donc laissé persuader, mais elle restait réticente et apeurée et cette crainte ne pouvait devenir qu'affolement lorsqu'elle avait vu ses compagnes disparaître furtivement l'une après l'autre tandis que l'amant négligeait de se montrer à l'endroit convenu.

> « Les sakhi, usant de mauvais prétextes et de fausses promesses, emmenèrent la nayika jusqu'au bosquet. Arrivée là, celle-ci trouva l'endroit désert et son esprit entra dans une grande agitation. Elle ne pouvait ni rester là indéfiniment ni s'en aller tant sa crainte était grande. Tout égarée, courroucée et frustrée, elle regardait le merveilleux bosquet de *kadamba*, ses yeux volant d'un point à un autre comme des abeilles inquiètes. »

Pour représenter la scène, le peintre avait le choix entre deux solutions : montrer la nayika attendant seule dans le bosquet, avec en arrière-plan ses compagnes en train de s'éloigner, ou la montrer, timide et réticente, entraînée vers le lieu de rendez-vous. Il a opté pour la seconde solution, car c'est sur son inexpérience qu'il souhaitait mettre l'accent. Montrer la nayika seule dans le bosquet n'aurait pas permis d'en faire clairement une Mugdha, alors que, si elle est lentement amenée par ses compagnes vers l'endroit convenu, on comprend qu'elle est une Navodha et une Mugdha, c'est-à-dire une nayika ayant déjà rencontré la passion, mais timide à l'extrême et ayant besoin d'encouragement et de persuasion pour passer outre à sa réserve et aller vers l'amant.

A première vue, les jeunes femmes ne se distinguent guère les unes des autres et repérer la nayika parmi elles ne semble pas chose aisée, mais si l'on étudie la peinture avec attention on remarque que la seconde à partir de la gauche est différente de ses compagnes. C'est de toute évidence la nayika. Non seulement ses vêtements sont plus élégants, mais aussi elle a une expression timide et désorientée tandis que son regard se porte sur le berceau de feuillage où elle devait retrouver l'aimé ; elle est aussi plus jeune et plus vive que les autres chez qui âge et expérience sont sensibles. Ces subtiles différences comptent beaucoup car c'est grâce à elles que nous pouvons nous faire une idée exacte de la situation. Tout est dit, mais avec discrétion et réserve.

On sent que le peintre s'est diverti avec certains éléments de la composition. Il a certainement pris plaisir à représenter les vêtements des quatre jeunes femmes : la nayika est habillée d'un *peshwaz*, longue robe ouverte devant qui découvre un pyjama plutôt moulant, tandis que les sakhi portent des jupes et des corsages. L'artiste a joué aussi avec les formes, les dimensions et les couleurs des arbres stylisés qui délimitent le lieu de rendez-vous. Dans deux cas, on voit même — étrange renversement de la réalité — la masse des racines se dresser au sommet de l'arbre.

SUIS-JE ALLÉE VIVRE DANS LA FORÊT POUR RIEN ?

Peinture extraite d'un ensemble illustrant la *Rasamanjari.*
Gouache sur papier.
Pahari, 3ᵉ quart du XVIIᵉ siècle ; d'un atelier de Basohli.
Au dos, poème sanskrit ; sur le bord supérieur, la légende définit l'héroïne :
« Celle qui se languit de l'aimé, du type Parakiya. »
Dogra Art Gallery, Jammu ; nᵒ 388.

La passion de cette nayika, qui — le cœur plein de désir — attend l'amant, s'exacerbe d'autant plus qu'elle est une Parikiya, « celle qui appartient à un autre ». Sa patience est limitée et son exaltation sans mesure. Quand l'amant n'est pas au rendez-vous, simplement peut-être parce qu'il est un peu en retard, elle est envahie par toutes sortes de doutes et la fièvre s'empare d'elle. Parfois elle rumine toute seule ses sombres pensées et parfois, comme ici, elle s'en ouvre à sa confidente. Elle a bravé tant d'épreuves, lui dit-elle, juste pour être avec lui, et voilà qu'il ne se montre pas. L'attendre dans des circonstances souvent difficiles, prier pour être unie à lui, tout cela n'est autre que l'observance d'un rituel, *vrata*, quelque chose comme une pénitence qu'elle aurait endurée rien que pour se trouver en compagnie de l'aimé. Elle prend maintenant à témoin la sakhi :

> « Dans l'espoir de sa venue, je suis restée comme une statue sous la pluie, trempée jusqu'aux os ; tant de fois j'ai tourné le dos au monde pour aller vivre dans la forêt ; avec des fleurs et du santal j'ai tenté de me concilier les faveurs de Kamadeva, le dieu de l'amour ; des nuits entières je me suis tenue éveillée comme si j'observais un vœu ; j'ai fait acte de renonciation à la famille, à l'entourage. Quelle pénitence n'ai-je pas accomplie ? Et pourtant il n'est pas venu, il ne s'est pas montré pour satisfaire enfin mes yeux qui le cherchaient tant. »

Ces références précises à l'observance d'un rituel sont peut-être un peu difficiles à comprendre dans un contexte culturel différent, mais ce qui apparaît clairement, c'est que la nayika a le sentiment d'avoir enduré beaucoup d'épreuves pour quelqu'un qui ne se soucie même pas de la rejoindre. Se laisser tremper par la pluie, aller vivre dans la forêt, faire des offrandes de fleurs et de santal, rester éveillée la nuit, passer outre aux convenances sociales, tout ceci se rencontre couramment dans le domaine de l'ascèse et du rituel religieux ; ici l'objet désiré n'est pas Dieu, c'est l'amant, mais il s'agit aussi d'effort et de sacrifice. C'est, semble-t-il, pour justifier sa terrible impatience que la nayika évoque de façon circonstanciée les épreuves traversées ; la sakhi écoute, le doigt posé sur son menton, geste qui exprime son étonnement et sa compréhension.

Si le peintre ne se souciait que de suivre la lettre du texte, comme on pourrait parfois (à tort) le soupçonner de le faire dans cette série, il aurait introduit dans cette peinture toutes sortes de références à des pénitences ou à des rituels. Mais il évite tout cela, se contentant de symboliser la menace qui pèse sur la nayika par un ciel chargé de nuages et d'éclairs très stylisés ; ces nuages et ces éclairs, on les rencontre si souvent dans cette série que l'on ne peut les considérer ni comme l'étroite illustration du texte, ni comme des éléments surajoutés. Notre œil glisse ensuite très vite vers la sakhi et vers la nayika, saisie au moment où son impatience la fait éclater en doléances. Comme toujours la clarté règne bien que la scène se situe la nuit, et les couleurs brillent et brûlent avec leur habituelle intensité. Il n'y a pas de source de lumière et pourtant tout est parfaitement éclairé. Seule allusion à l'heure nocturne : le fond d'un gris sombre sur lequel se détachent les arbres, le lit de feuillages et les deux séduisantes jeunes femmes.

PARÉE DE FLEURS ET D'ORNEMENTS

Peinture extraite d'un ensemble illustrant la *Rasamanjari*.
Gouache sur papier.
Pahari, 3e quart du XVIIe siècle ; d'un atelier de Basohli.
Au dos, poème sanskrit ; sur le bord supérieur, la légende définit l'héroïne : « Celle qui se prépare en attendant l'amant ; du type Pragalbha. »
Dogra Art Gallery, Jammu ; no 382.

L'amant va rentrer d'un séjour lointain et la nayika se prépare joyeusement. Etant une Pragalbha, « celle qui a l'expérience de l'amour », elle se pare et veille à l'arrangement de la pièce sans qu'interviennent la moindre hésitation ni la moindre réserve. Le lit accueillant, orné de guirlandes et de pétales, la chambre richement décorée, son attitude — assise face à la porte —, tout indique que nulle honte, nulle timidité ne l'effleurent. Sa toilette est presque achevée : elle a mis ses plus beaux vêtements et arrange ses cheveux ; son éclat rejaillit sur tout ce qui l'entoure. La strophe qui évoque sa beauté et ses préparatifs est presque trop chargée :

> « La nayika aux yeux de biche s'est parée de fleurs et d'ornements ; elle a enduit de parfum ses longues tresses ondulées et a mis des feuilles de bétel et d'autres douceurs auprès du lit décoré par ses soins. Elle attend, assise, et son corps doré, beau comme une fleur de palmier, *ketaki*, rayonne sur la chambre alentour et change le noir en un doux gris, comme si l'on était en plein jour à la saison des pluies. »

Deux éléments attirent immédiatement le regard : les longues tresses que la nayika a soin d'enduire d'huile et de parfum, et le superbe rouge du mur du fond. On ne voit pas souvent les cheveux d'une nayika traités de cette façon dans cet ensemble illustrant la *Rasamanjari* et le mouvement de la jeune femme arrangeant ses tresses retient l'attention. Il y a de la hardiesse dans ce geste et même une certaine autorité ; pourquoi me montrerais-je timide ou réservée dans ma toilette, semble-t-elle dire. L'expression du visage s'accorde avec l'assurance du geste ; le regard qu'elle jette vers la porte est direct et n'a rien de furtif. Le peintre se sert de l'éclatant rouge carmin du mur — que l'on retrouve dans le long coussin du lit et dans la jupe de la nayika — pour suggérer l'éclat que répand autour d'elle la parfaite beauté de la jeune femme. Il ne reprend pas la comparaison, belle mais un peu recherchée, du poète (la nuit se muant en une journée grise de saison des pluies) et choisit de situer la scène en plein jour, à en juger par la mince bande de ciel clair qui apparaît tout en haut de la peinture. Son imagination a cependant dû être mobilisée par cette évocation de l'éclat de la nayika puisqu'il le traduit par ce rouge étincelant sur lequel se détachent si bien les contours des niches ainsi que les blancs et les roses des guirlandes suspendues aux patères.

La porte principale, décorée d'élégants motifs peints, mérite attention ; cependant, les abords n'ayant pas de rôle particulier à jouer, le peintre n'a rien fait pour isoler ou souligner les murs extérieurs, à la différence de ce qui se passe dans la peinture de la page 144 mettant en scène une Madhya Vasakasajja.

POURQUOI N'A-T-IL D'YEUX QUE POUR MOI ?

Peinture extraite d'un ensemble illustrant la *Rasamanjari.*
Gouache sur papier.
Pahari, 3e quart du XVIIe siècle.
Au dos, poème sanskrit ; sur le bord supérieur, la légende définit l'héroïne :
« L'ingénue dont le mari se consacre entièrement à elle. »
Dogra Art Gallery, Jammu ; n° 327.

Les écrivains qui se sont attachés à ce sujet considèrent la Svadhinapatika nayika, « celle dont le mari se consacre entièrement à elle », comme appartenant à une catégorie supérieure, privilégiée. La dévotion du héros et la satisfaction de la nayika se marquent chacune de diverses manières. Ici la nayika est une ingénue, sans expérience. Quand elle voit l'aimé si profondément loyal et si aimant, elle n'arrive pas à croire à sa chance et se demande sans cesse ce qui peut bien l'attacher si complètement à elle. Ne trouvant pas de réponse toute seule, elle s'adresse à une compagne plus âgée :

> « Je ne trouve pas ma taille spécialement fine ; ma poitrine n'est même pas encore vraiment ronde ; mon corps ne répand pas d'éclat particulier ; mes hanches n'ont pas d'ampleur ; ma démarche manque d'aisance et de séduction ; mon regard n'a rien d'étincelant ; j'exécute médiocrement les danses que j'ai apprises ; je m'exprime sans beaucoup d'esprit et mon rire n'est pas spécialement gai. Pourquoi donc, ô sakhi, n'a-t-il d'yeux que pour moi ? »

Question et commentaires sont vraiment naïfs et on se demande si la nayika ne fait pas partie, dans le groupe des ingénues, de la sous-catégorie de « celles qui n'ont pas encore pris conscience de la venue de l'adolescence », les Ajnatayauvana. Il est certain que, timide et modeste comme elle est, elle se sous-estime. On sent à travers ses paroles qu'elle sait ce qui rend une femme attirante pour un homme : une taille fine, une poitrine ronde, de larges hanches, un corps nacré, une démarche nonchalante, des yeux brillants, une conversation vive, un rire communicatif. Elle dit qu'elle ne possède rien de tout cela et elle se demande, à sa façon innocente, ce que son amant peut bien lui trouver. Peut-être a-t-elle d'autres qualités qui outrepassent celles-ci ; peut-être son amant est-il d'une nature simple, fidèle et aimante. Le peintre et le poète ne sont pas explicites sur ce point.

Le peintre a soin de faire paraître la nayika — qui est assise à droite contre un gros coussin d'un vert éclatant — plus jeune et plus mince que la sakhi, nous rendant ainsi sensible leur différence d'âge et de maturité. Du point de vue du poète, nul besoin de faire intervenir l'amant ; en revanche le peintre estime sa présence nécessaire pour bien marquer son empressement et sa fidélité. Si l'amant est aussi attaché à l'aimée que celle-ci le dit, il doit être près d'elle, sinon tout proche, du moins à une distance aisément franchissable.

Alors que dans la plupart des peintures la chambre présente en premier plan une simple ouverture encadrée de deux pilastres, le peintre nous offre ici une longue pièce rectangulaire avec une façade à trois arches. Il utilise le pilier de gauche pour isoler le personnage de l'amant, mettant ainsi la distance adéquate entre lui et les deux femmes placées à droite. Le mur du fond d'un rouge franc et éclatant, l'élégance et l'harmonie du décor, tout évoque l'entente et la chaleur des sentiments.

MÊME LES SERPENTS NE L'EFFRAIERAIENT PAS

Peinture extraite d'un ensemble illustrant la *Rasamanjari*.
Gouache sur papier.
Pahari, dernier quart du XVIIe siècle ; par Devidasa de Nurpur.
Au dos, poème sanskrit ; sur le bord supérieur, la légende définit l'héroïne :
« Celle qui va rejoindre son amant ; du type Madhya, qui a un peu d'expérience. »
Dogra Art Gallery, Jammu ; n° 352.

Celle qui brave toutes les difficultés pour rejoindre le lieu de rendez-vous est une Abhisarika. Lorsqu'elle quitte la maison, contre le gré de ses aînés, c'est avec le risque de devoir faire face à des obstacles qui, selon les poètes, peuvent être très divers : serpents rencontrés à la nuit noire ; tonnerre et éclairs lui barrant la route ; sorcières et mauvais esprits tentant d'entraver sa marche. Mais telle est sa dévotion pour l'amant, si entière est sa passion, qu'elle fait fi de tous ces obstacles et va obstinément son chemin. Le côté dramatique de cette situation offre évidemment au peintre de grandes possiblités et quelques-unes des œuvres les plus attachantes de la peinture rajput inspirée par la classification des héroïnes, nayika-bheda, ont pour personnage central une Abhisarika nayika qui tantôt traverse une forêt, tantôt quitte furtivement le logis, tantôt encore est en compagnie de l'amant enfin retrouvé en dépit de tout.

La nayika dont il s'agit ici est une Abhisarika du type Madhya : elle a une petite expérience de l'amour. Les émotions du périlleux trajet sont maintenant dissipées, elle est avec l'aimé, mais son attitude inspire au héros ces paroles :

> « Ô ma gracieuse et fine beauté ! les serpents sur ta route n'ont pas réussi à t'effrayer, et voilà que tu trembles dès que mon bras t'effleure. Le tonnerre et les nuages n'ont pu ébranler ta résolution, et voilà que tu inclines la tête lorsque je parle comme si tu ne voulais pas me regarder. Comment dois-je comprendre cela ? »

La crainte qui anime ici la jeune nayika n'est pas la même que celle que lui auraient inspirée serpents, tonnerre et sorcières : c'est un effroi issu de sa relative inexpérience et de ses sentiments contradictoires. Une héroïne « mûre » réagirait

différemment ; ici la balance est égale entre le désir et la pudeur et c'est ce qui explique le tremblement qui saisit la nayika au contact de l'amant, en dépit de la passion contenue qui lui gonfle le cœur.

Le peintre place les amants dans une chambre brillamment éclairée dont on ne sait où elle se situe ; rien autour que le ciel lourd et la pluie qui tombe de toutes parts, donnant aux paroles de l'amant tout leur sens. Peut-être pour nous faire souvenir de la présence de Kama, le dieu de l'amour, les extrémités du socle sur lequel prend appui la chambre sont façonnés en forme de têtes de perroquet, cet oiseau étant le véhicule du dieu. Ceci représente une variante par rapport aux têtes de crocodile, makara, que l'on rencontre fréquemment dans le premier ensemble illustrant la *Rasamanjari.* Cette peinture appartient en effet aussi à un ensemble illustrant la *Rasamanjari*, mais pas à celui auquel on se réfère souvent comme étant le « premier » et qui provient de la région de Pahari. La dernière peinture de cet ensemble-ci, dit « troisième » ensemble, comporte un colophon qui nous donne le nom du peintre : Devidasa, la date d'exécution : 1694-1695, le nom du mécène : Kripal Pal, Raja de Basohli, et le lieu d'exécution : la petite mais importante principauté de Basohli, située au bord de la Ravi, en face de la principauté de Jammu (actuellement État du Jammu et Cachemire). Cette série de peintures a sa beauté et son intensité, mais la force sauvage, l'abandon passionné qui sont si remarquables dans le premier ensemble ne s'y retrouvent pas. Si le troisième ensemble paraît calqué sur le premier du point de vue de la composition, il en diffère néanmoins sur un point important : le nayaka n'est pas Krishna, mais un jeune noble de l'époque, barbu et portant un turban. Dans la peinture examinée ici et dans d'autres de la même série, il apparaît sous des aspects légèrement différents, ce qui rend son identification plus difficile et moins sûre que dans le premier ensemble. Mais ce fut très probablement dans un propos bien défini que le peintre et/ou le mécène prirent cette décision.

APRÈS AVOIR GAGNÉ SA CONFIANCE

Peinture extraite d'un ensemble illustrant la *Rasamanjari*.
Gouache sur papier.
Pahari, 3e quart du XVIIe siècle ; d'un atelier de Basohli.
Au dos, poème sanskrit ; sur le bord supérieur, la légende définit le héros : « Le malin. »
Museum of Fine Arts, Boston.

L'auteur de la *Rasamanjari*, ayant examiné les nayika sous tous leurs aspects et accordé l'attention qui convenait à leurs sakhi, se tourne brièvement en fin d'ouvrage vers les nayaka, ou héros. Non qu'ils ne soient pas intervenus déjà dans le cours du texte ; ils apparaissent évidemment chaque fois qu'il y a union ou séparation, mais ce n'est qu'à titre secondaire, sans que le poète s'attache à définir leur nature et leur état d'esprit. Dans le chapitre final de la *Rasamanjari*, les nayaka sont cette fois regardés pour eux-mêmes. Comme les nayika, ils peuvent être d'une catégorie supérieure, moyenne ou inférieure ; il y a également d'autres modes de classification. Le nayaka que l'on nous présente ici fait partie de ceux à qui il ne faut pas trop faire confiance, comme le montre la petite histoire suivante :

> « L'astucieux amant commence par gagner la confiance de la nayika aux yeux de biche. Il pose sur ses tresses des fleurs et des guirlandes, dessine des motifs floraux avec de la pâte de santal sur son joli front, enfile des bracelets à ses poignets et suspend à son cou un rang de perles qui se balance contre ses seins. Après avoir gagné sa confiance par ces jeux innocents, mine de rien il pousse son avantage et, sous prétexte d'ajuster la ceinture de la belle, entreprend de défaire le nœud de sa jupe. »

Rien d'étonnant à ce que le peintre ait préféré tenir pour acquis les jeux innocents du début et se soit concentré sur le geste effronté du nayaka qu'il réussit à rendre en lui donnant toute sa saveur. L'ardeur avec laquelle le héros se penche en avant et la façon dont la nayika se rejette légèrement en arrière, comme si elle commençait à se douter de ses intentions, rendent leurs attitudes extrêmement vivantes. Echarpes et guirlandes pendantes soulignent le mouvement en avant du jeune homme et contribuent à l'harmonie de la composition. Le peintre a aussi parfaitement saisi la situation psychologique : le nayaka et la nayika ne sont évidemment pas des étrangers l'un pour l'autre ; l'amant n'est pas vraiment un rustre et il y a une part de consentement chez la jeune femme. A voir le geste impétueux du héros et son regard chargé de désir, on sent qu'il ne serait pas facile de le détourner de son but ; quant au soupçon de « crainte » qui se lit dans les yeux de la nayika, il faut l'attribuer à un semblant de résistance plutôt qu'à un authentique refus.

Contre toute attente, puisque, en général, ce décor n'accompagne que des situations de discorde ou de séparation, sur une des extrémités du socle où prend appui la chambre figure une tête de crocodile. Cependant cet animal apparaît ici différent des autres : un malin sourire semble étirer ses mâchoires, comme s'il s'amusait de cette situation.

FIÈVRE D'AMOUR

Gouache sur papier.
Rajasthan, seconde moitié du XVIIIe siècle ; d'un atelier de Bundi.
Fogg Art Museum, Harvard University, Cambridge.

La passion fait rage dans le corps de cette jeune femme ; une terrasse de marbre éclairée par la lune accueille le divan sur lequel elle est étendue. Elle brûle de la « fièvre d'amour ». L'amant n'est pas là et le désir devient si insupportable qu'elle fait des efforts désespérés pour « se délivrer de ce feu ». Mais la chose n'est pas aisée ; elle a essayé toutes sortes de moyens, sans résultat. Elle a dépouillé son corps ravissant de ses vêtements et repose maintenant les seins nus ; les rayons de la pleine lune, dont les poètes disent qu'ils ont des « propriétés rafraîchissantes » semblent n'avoir aucun effet ; la douce brise qui souffle sur la terrasse est de peu de secours ; les sorbets et les onguents posés près de sa couche ne l'apaisent en rien. Tout paraît fait au contraire, dans ce paisible clair de lune, pour aviver sa flamme amoureuse. Les rayons lunaires la « brûlent » et de voir les pigeons voltiger et parader dans le ciel puis se poser sur leur long perchoir, de les entendre lancer leurs roucoulements enamourés, exacerbe le désir de la jeune femme. La suivante qui se tient auprès d'elle, à la tête du divan, ne peut que contempler impuissante l'état de sa maîtresse ; le tuyau du *hookah* (pipe à eau) que celle-ci tient à la main ondule comme si le désir l'animait lui aussi.

Le thème de cette peinture, très colorée mais où domine un blanc d'une remarquable pureté, apparaît clairement. Il ne s'agit pas tant d'évoquer la souffrance due à une longue séparation, *viraha*, que de rendre sensible le feu du désir charnel. La merveilleuse attitude de la nayika et la subtilité de la composition font que de cette œuvre se dégage une intense émotion. Tout l'art du peintre consiste à appliquer ses couleurs et à disposer les différents éléments de l'ensemble — la nayika, sa suivante, les objets — avec le plus grand soin de telle sorte que tout soit en harmonie mais qu'on perçoive en même temps, en filigrane, le tourment insupportable de l'héroïne. Le désir est là, mais il reste contenu : c'est sur la suggestion, sur l'effet de résonance, que le peintre compte pour évoquer sa force brutale.

Ne darde pas tes rayons de feu, ô Lune.
Ô vie, demeure encore un peu.
Sommeil, scelle mes yeux, et puisse la nuit
durer éternellement.
Quand les rêves m'auront emporté vers mon amour
et que, bienheureuse, je reposerai dans ses bras,
alors vous pourrez l'une et l'autre me faire
tout le mal que vous voudrez.

(Poème sanskrit)

Avec la jeune femme que nous voyons ici, le peintre nous offre en quelque sorte la quintessence de l'amour dans la séparation. Lorsque les artistes choisissent d'interpréter ce thème, leur inspiration se nourrit à l'évidence de toutes les figures de nayika se languissant de leur bien-aimé qui peuplent la littérature amoureuse de l'Inde et dont la strophe que nous venons de citer nous donne un bon exemple. L'observateur n'a besoin que de quelques notations significatives pour compléter l'image qu'il a dans l'esprit ; encore faut-il que celles-ci lui soient fournies sans ambiguïté. Tout l'art du peintre consiste à donner à voir très clairement la situation en conservant une très grande retenue, comme c'est le cas ici avec cette jeune nayika à demi nue brûlant de la fièvre d'amour sur une terrasse baignée par la lune ; cette discrétion dans l'expression, loin de frustrer celui qui regarde la peinture, contribue à stimuler son imagination.

COMME LE NUAGE ET L'ÉCLAIR

Gouache sur papier.
Pahari, 3e quart du XVIIe siècle ; de l'atelier familial de Seu-Nainsukh.
National Museum, New Delhi.

Quand les poètes mettent en scène la passion et les jeux des amants, les images qu'ils utilisent sont souvent riches de résonances. Citons « les pistils d'un safran éclatant » que le poète appelle « les sceptres d'or de l'amour », « l'odeur des plantes volubiles se mêlant au parfum des guirlandes de fleurs fraîches » et « les manguiers en bourgeons tremblant sous l'étreinte des vrilles de la vigne ». Mais ces images trouvent rarement une expression picturale aussi heureuse que dans cette ravissante peinture où la passion vibre, mais dans un registre tout de délicatesse et de discrétion. Le toit croulant presque sous les plantes grimpantes et les branches d'arbre qui l'envahissent (voir page 68), les longs coussins à fleurs pourpre et or posés sur le lit d'amour, les guirlandes odorantes disposées çà et là, constituent le décor qui convient pour les amants assis, bras et jambes se touchant, leur corps animé d'un balancement à peine perceptible. Ni Krishna ni Radha ne portent de vêtements et cependant la délicatesse de sentiment du peintre lui commande de n'appuyer d'aucune manière sur cette nudité. Seuls gestes évocateurs mais qui restent très discrets : Radha s'appuie légèrement contre le coussin qui se trouve derrière elle, comme si la force de sa passion la faisait chanceler, tandis que Krishna étend la main pour lui caresser doucement les seins. Quant à l'attention que le peintre porte à ce qui entoure les amants, elle a ses raisons : c'est sa façon de traduire en métaphores la passion qui les anime ; cela, nous le verrons très clairement à la page suivante.

COMME LE NUAGE ET L'ÉCLAIR

Complément de la page précédente.

Ce détail d'une peinture rajput évoque immédiatement certaines strophes chères à nos cœurs, telle celle-ci :

De même que le manguier engendre
Pousses, feuilles, bourgeons et fleurs.
Ainsi dans nos cœurs Kama fait naître
Pousses, feuilles, bourgeons et fleurs.

Le bananier à gauche et le manguier à droite prennent ici une signification évidente. Plus poétique et d'une très jolie exécution est le nuage que traverse l'éclair, image classique de l'amant et de l'aimée. L'amant au teint sombre, l'aimée au corps lumineux ; l'amant grave et noble, l'aimée impérieuse et ardente comme l'éclair au ciel. Si Krishna est l'amant, comme c'est le cas ici, le nuage revêt une signification particulière puisqu'un des innombrables noms du dieu est *Ghanashyama*, « sombre comme le nuage ». Quant à l'éclair qui perce à travers le nuage, il symbolise la présence de Radha, la bien-aimée. Notons aussi que, comme le disent les poètes, le grondement du tonnerre est précieux pour l'amant car la bien-aimée, effrayée, s'accroche à lui et lui procure ainsi un ravissement de plus.

KRISHNA ET LES GOPI S'ÉBATTENT DANS LA RIVIÈRE

Peinture extraite d'un ensemble illustrant le *Bhagavata Purana*.
Gouache sur papier.
Pahari, 3e quart du XVIIIe siècle ; de l'atelier familial de Seu-Nainsukh.
Bharat Kala Bhavan, Bénarès.

Les cinq très beaux chapitres du *Bhagavata Purana* qui décrivent le *rasa* de Krishna, cette « danse circulaire de l'éternité », contiennent une évocation pleine de vie et de charme des ébats de Krishna et des gopi, au clair de lune, dans les bosquets odorants de Brindaban. C'est là qu'il les entraîne et s'amuse avec elles, pour ensuite disparaître un moment, puis revenir parmi elles. Quand il réapparaît, les gopi, ses innombrables bien-aimées symbolisant les âmes en quête du divin, « reviennent à la vie ». Krishna les assure à nouveau de son amour pour elles puis, dans un élan de grande tendresse, les conduit sur les rives de la Yamuna et descend avec elles dans l'eau fraîche de la rivière. Le peintre qui a choisi d'illustrer ces très beaux textes du *Bhagavata Purana* par un ensemble de peintures en a consacré un bon nombre à ces ébats de Krishna et des gopi. Ici les nombreuses bien-aimées du dieu sombre se pressent autour de lui, dans l'eau jusqu'à la taille, s'agrippent amoureusement à lui ou le touchent doucement pour bien s'assurer qu'il est revenu au milieu d'elles ; Krishna regarde l'une d'elles dans les yeux, en étreint une autre, tapote le menton d'une troisième, les emplissant toutes du ravissement qu'il est le seul à pouvoir apporter à leur corps et à leur esprit souffrants. Une atmosphère de célébration, et même de frivolité, s'instaure ; mais si certaines des gopi font les folles dans l'eau, nagent, plongent, s'éclaboussent et se donnent des bourrades, c'est parce qu'elles sont enfin libérées de leur angoisse, l'esprit entièrement au repos car leur Seigneur est auprès d'elles.

La pleine lune baigne toute la scène d'une lumière merveilleusement limpide. C'est avec une grande délicatesse que le peintre représente Krishna et les gopi, mais il fait aussi en sorte que tous les éléments de l'ensemble concourent à créer une atmosphère de passion et de dévotion. La lune, reflétée par les eaux, est sans tache ; les arbres majestueux qui se dressent sur la rive étendent leurs branches vers Krishna comme s'ils recherchaient aussi son contact béni ; dans cette atmosphère on ne pense pas que les fleurs et les feuilles qui tombent d'en haut jusque dans la rivière se sont détachées de quelque arbre terrestre, mais qu'elles ont été jetées en pluie du haut du ciel comme cela arrive chaque fois qu'un spectacle est « agréable aux dieux ». Chaque détail est ainsi étudié de manière qu'il atteigne à différents niveaux de signification.

Le *Bhagavata Purana*, comme beaucoup d'autres textes sacrés de l'Inde, a une signification religieuse très profonde, mais est en même temps extraordinairement riche en images poétiques. Le lecteur ordinaire, ou le récitant, a parfois tendance à glisser sur de longs passages évoquant la nature, mais le peintre, toujours aux aguets, recueille ce précieux matériau et étend ainsi son répertoire d'images et de métaphores ; il lui arrive d'en faire de véritables petits tableaux à l'intérieur de la peinture, comme c'est le cas ici avec ce tronc d'arbre autour duquel s'enroule une plante. Le parallèle avec les gopi qui s'agrippent à Krishna s'impose et l'on se souvient qu'arbre et plante grimpante symbolisent traditionnellement le principe masculin, *Purusha*, et le principe féminin, *Prakriti*, dans la pensée indienne.

VOL D'AIGRETTES ET PAONS SUR UN TOIT

Détail d'une peinture extraite d'une *Ragamala*.
Malwa, dernier quart du XVIIe siècle.
Bharat Kala Bhavan, Bénarès.

La mélodie à laquelle se réfère cette peinture extraite d'une *Ragamala* (littéralement « guirlande de modes musicaux », voir commentaires de la page 97) appartient à la saison des pluies et correspond, aussi bien en poésie qu'en peinture, à des images d'amants « dans l'union ». En créant cet équivalent pictural de la mélodie, le peintre fait grande attention aux éléments complémentaires et significatifs, comme le sont les oiseaux perchés sur le toit de la chambre d'amour. Traditionnellement les descriptions et les chants relatifs à la saison des pluies font une place importante aux oiseaux tels que le paon et l'aigrette, *chataka*, sans lesquels ne serait pas complet le tableau de cette période de l'année où la venue des nuits pluvieuses est annonciatrice d'union. Quand la pluie survient, comme le dit le poète :

Le paon appelle doucement sa compagne qui s'attarde
Et lève encore une fois son regard vers le ciel ;
Puis, sautant de son estrade, la terre,
Il déploie sa queue en parasol
Tandis que le tonnerre gronde comme l'écho assourdi d'un tambour,
Et commence sa joyeuse parade.

Le peintre n'omet jamais de faire entrer de tels éléments dans sa composition afin d'en bien établir l'atmosphère. S'il juge que l'échelle doit être modifiée ou que tel détail doit être magnifié aux dépens de tel autre, il le fait sans la moindre hésitation car, dans sa vision des choses, tout ce qui alimente l'émotion inhérente à sa peinture a un sens et doit trouver son exacte place et sa juste importance au sein de l'ensemble.

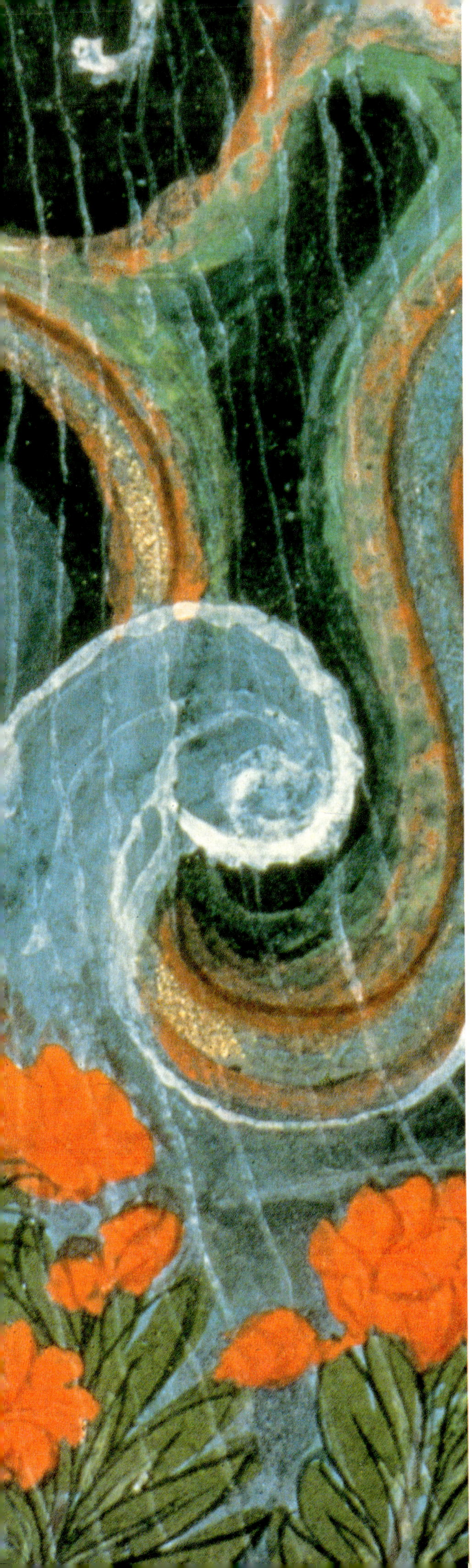

NUAGES ET AIGRETTE

Détail d'une peinture extraite d'une *Ragamala*.
Rajasthan, 1er quart du XVIIIe siècle ; d'un atelier de Bundi.
Collection d'Edwin Binney, 3e.

La mélodie à laquelle se réfère cette peinture appartient à la saison des pluies. Les mélodies de ce type évoquent très fortement le sentiment d'amour dans l'union, la joie que les amants éprouvent à être ensemble, et cela le peintre le transpose sur le plan pictural de mille manières et notamment en s'efforçant de trouver des équivalents visuels aux spectacles et aux sons particuliers à cette période de l'année, tels que la musique les fait apparaître avec ses moyens propres. Ainsi, pour évoquer les grondements du tonnerre qui se répercutent dans le ciel, le chanteur a recours à des notes profondes, « partant de l'ombilic », qui se répètent et reviennent en leitmotiv. Le peintre, œuvrant dans le même esprit, après avoir accordé l'attention qui convient aux amants, consacre tous ses soins aux éléments complémentaires, c'est-à-dire dans le cas particulier au flamboiement des ciels dans la « saison de l'union ». Abandonnant le ciel dégagé, ou tout au plus strié de quelques légers nuages, qui lui est habituel, il peuple l'horizon de tourbillons colorés, lourds d'humidité, qui évoquent une émotion, une atmosphère, bien plus qu'un phénomène naturel. Se détachant sur ce fond flamboyant, une aigrette, chataka, déploie ses ailes, concourant elle aussi à traduire le type d'émotion propre à la saison des pluies.

UNE MARQUE SUR SON FRONT ÉCLAIRÉ PAR LA LUNE

Peinture extraite d'un ensemble illustrant la *Gita Govinda*.
Gouache sur papier.
Pahari, 3e quart du XVIIIe siècle ; de l'atelier familial de Seu-Nainsukh.
Au dos, poème sanskrit.
Collection de G. et E. Sidhu, Menlo Park.

La cantilène 24 de la *Gita Govinda* sur laquelle se termine ce grand texte lyrique constitue la dernière partie du chant qui a pour titre « L'Extase de Krishna ». Cette extase fait suite à la réconciliation des amants ; c'est le moment où la « fantaisie amoureuse » commence à « battre en brèche la pudeur » de la jeune femme et où « les émotions culminent dans la joie ». A l'évocation de l'union amoureuse de Radha et de Krishna succèdent des strophes d'une beauté à la fois intense et paisible où l'on voit Radha demander à Krishna de « s'amuser à certains jeux pour le ravissement de son cœur ». Quoi de plus simple mais aussi de plus sensuel que ses requêtes lorsqu'elle invite « le héros Yadava » à la parer de mille manières :

Sur mes seins peins une feuille,
Sur mes joues pose des couleurs,
Sur mes hanches noue une ceinture,
Dans mes lourdes tresses glisse des fleurs,
A mes poignets mets des bracelets,
A mes chevilles des anneaux ornés de pierreries.

Des strophes riches d'évocation et d'un lyrisme délicat décrivent en détail ces gestes auxquels Krishna se livre avec bonheur et le peintre, soucieux de transposer le plus fidèlement possible le texte de la *Gita Govinda*, consacre un feuillet à chacun de ces apprêts amoureux ; pour lui comme pour le poète, c'est en cela que réside la quintessence de l'amour, aussi faut-il prendre tout son temps pour traiter cette sorte de sujet.

Cette ravissante peinture nous offre la version picturale de la strophe de Jayadeva que voici :

Prends du musc et sur mon front éclairé par la lune
Pose le *tilaka**, Ô Krishna ! La sueur a cessé de perler.
Voici ce qu'elle disait au joyeux Yadava dont les ébats lui ravissaient le cœur.

Renonçant à la sombre forêt chargée de passion dans laquelle il situe le plus souvent « l'action » de la *Gita Govinda*, le peintre décide, pour l'illustration de ces strophes, de transporter les amants en terrain découvert, au milieu de collines doucement arrondies, près de la rivière au cours sinueux, comme s'il cherchait à évacuer le plus possible l'environnement de telle sorte que les amants nous apparaissent aussi dégagés, aussi purs que des cœurs débarrassés de la poussière du doute.

*Marque (de santal, etc.) portée au front comme indice de secte ou comme ornement.

UNION AMOUREUSE
DE RADHA ET DE KRISHNA

Détail d'une peinture extraite d'un ensemble illustrant la *Gita Govinda*.
Gouache sur papier.
Pahari, 1730 ; par Manaku de Guler.
Chandigarh Museum, Chandigarh.

La *Gita Govinda* est riche en évocations très directes de la passion dont brûlent les amants. Ainsi cette strophe du douzième chant :

Déployant toutes les ressources de sa passion
Quand commença la bataille d'amour,
Elle lança une offensive hardie
Et triompha de son amant.
Les hanches de Radha s'immobilisèrent,
Ses bras onduleux comme la vigne desserrèrent leur étreinte,
Poitrine palpitante,
Elle resta les yeux clos.

Le peintre se donnant pour tâche de fournir un équivalent pictural à la *Gita Govinda* pourrait facilement exploiter ces passages, dans l'esprit du texte. Or il est très rare qu'il s'inspire de la *Gita Govinda* pour exécuter une œuvre érotique comme nous avons tant d'exemples dans la peinture indienne. La plupart du temps, et c'est le cas ici, il instaure un équilibre délicat entre ce qui est directement représenté et ce qui n'est qu'évoqué. Tout est dit dans cette peinture avec l'intensité et la charge passionnelle propres à ce remarquable ensemble du maître Manaku, et cependant une certaine retenue prévaut. Nous voyons « la passion monter tandis que le regard de Radha s'attarde sur le charmant visage de l'aimé » et nous pouvons même discerner des gouttes de sueur perlant sur le front de ces amants divins et passionnés, mais il y a un seuil qu'on ne dépasse pas. L'aspect physique de l'amour n'est pas galvaudé, si bien que ce qui apparaît à l'évidence dans cette peinture, c'est la pureté du sentiment amoureux.

MÉLODIE D'AMOUR

Peinture extraite d'un ensemble illustrant la *Gita Govinda*.
Gouache sur papier.
Pahari, 1730 ; par Manaku de Guler.
Au dos, poème sanskrit.
Chandigarh Museum, Chandigarh.

Peu de poèmes d'amour égalent en passion et en intensité la *Gita Govinda* de Jayadeva qui célèbre les amours de Radha et de Krishna ; dans ces « douces strophes lyriques » composées au XIIe siècle, érotisme et mystique sont intimement mêlés. Le thème central de cette œuvre fameuse est « le merveilleux mystère des ébats amoureux de Krishna dans la forêt de Brindaban » ; c'est là que « Hari (Krishna) se divertit autant que le font les séduisantes gopi qui l'entraînent à batifoler avec elles ». Le poème de Jayadeva, écrit en sanskrit, a inspiré au cours des siècles d'innombrables œuvres aux peintres indiens ; le présent feuillet appartient à un important ensemble, d'une remarquable sensibilité, attribué à Manaku de Guler et daté de 1730 ; ces peintures furent exécutées dans les collines du Panjab. L'auteur de cet ensemble pictural ne se montre pas inférieur au poète : non seulement il parvient à rendre parfaitement l'atmosphère du poème, mais encore il réussit à en suivre fidèlement le rythme délicat et à transposer dans tous leurs détails et toutes leurs nuances les ravissantes et subtiles descriptions qui lui donnent un charme si particulier.

Nous voyons, dans la *Gita Govinda*, Krishna folâtrer avec les bergères, les gopi, sur les rives de la Yamuna ; tantôt il les cajole toutes ensemble « étreignant l'une, embrassant l'autre, et caressant encore une beauté sombre », tantôt il en choisit une et l'emmène loin des autres dans un bosquet retiré. Là s'établissent des relations privilégiées et, si toutes voudraient goûter à ce merveilleux amour que Krishna leur offre sur les rives de la Yamuna, il se peut que cette gopi « aux seins lourds » soit la seule à chanter avec lui la grande « mélodie d'amour ». Voici comment Krishna apparaît ici : « La lune baigne de sa clarté la couronne de plumes de paon qui ceint sa chevelure et l'arc-en-ciel projette ses couleurs sur les fines étoffes dont il a revêtu son corps sombre comme le nuage. » Sa fortunée compagne, qui a toujours rêvé d'avoir « un lit de flèches d'amour pour y pratiquer l'art de la séduction », a maintenant perdu toute son assurance, même si, au fond d'elle-même, elle est dans le ravissement. Tous deux partagent un instant magnifique, loin des yeux indiscrets, et pépient joyeusement comme font les oiseaux lorsqu'ils « voient poindre des bourgeons sur les douces branches du manguier ».

KRISHNA VIVIFIE TOUTES CHOSES

Peinture extraite d'un ensemble illustrant la *Gita Govinda*.
Gouache sur papier.
Pahari, 1730 ; par Manaku de Guler.
Au dos, poème sanskrit.
National Museum, New Delhi.

Dans le long poème de Jayadeva, l'amour de Radha et de Krishna passe par bien des phases. Ici, nous nous situons dans le premier chant qui célèbre les multiples amours du « joyeux Krishna » de telle sorte que soient établis à la fois sa nature passionnée et son essence divine. Nous voyons donc auprès de lui des jeunes filles « aux hanches rondes, se penchant pour lui murmurer à l'oreille » et d'autres « séduites par son air impudent et vif ne pouvant détacher leur regard de son visage de lotus ». Beaucoup sont gratifiées de ses faveurs, « la soie jaune et les guirlandes de fleurs sauvages » allant rejoindre « la peau enduite de pâte de santal » et les membres dorés.

Dans cette peinture, Krishna est entouré par les gopi qui l'aiment passionnément tout en le reconnaissant comme dieu avec tout le respect que cela comporte. Cela nous renvoie, entre autres, à cette strophe de Jayadeva :

De ses immenses bras ondulant comme les vrilles de la vigne il enveloppe mille bergères ;
L'éclat des pierreries sur ses mains, ses pieds et sa poitrine illumine la nuit sombre.

Ou bien encore à celle-ci :

En vivifiant toutes choses,
Il donne au monde la béatitude.
Ses membres de lotus, doux, sombres et souples,
Commencent la célébration d'amour,
Et les belles bergères, sauvagement,
L'entourent de leurs corps.
Ami, le jeune Hari folâtre au printemps,
Tel l'incarnation du sentiment amoureux.

C'est au souffle des « vents venus des monts couverts de santals » que Krishna célèbre les rites de l'amour. L'interprétation du peintre parvient à nous rendre sensibles à la fois la divinité de Krishna recevant les hommages qui lui sont dus, et la passion qui est le propre de sa nature. Comme dans le « premier » ensemble illustrant la *Rasamanjari* provenant de Basohli, l'auteur de cette peinture sait jouer avec le réel et placer ses sujets contre des a-plats aux riches couleurs ou contre des feuillages verdoyants ce qui donne à la scène une merveilleuse clarté et une atmosphère exactement appropriée.

UNE DÉCORATION MALICIEUSE

Peinture extraite d'un ensemble illustrant la *Rasamanjari*.
Gouache sur papier.
Pahari, 3e quart du XVIIe siècle ; d'un atelier de Basohli.
Au dos, poème sanskrit ; sur le bord supérieur, la légende résume la situation :
« Décorée par une amie. »
Dogra Art Gallery, Jammu ; n° 369.

Les relations entre la nayika et la sakhi, sa confidente, son amie intime, ne sont pas seulement fondées sur la sympathie et l'assistance ; elles comportent aussi des taquineries et des jeux. Parfois les jeunes femmes badinent et plaisantent toutes deux histoire de se distraire. Cela les aide aussi à passer le temps quand l'amant est parti en voyage pour une longue période. La situation envisagée ici par le poète n'implique ni exclamations, ni échanges de paroles. En douce, silencieusement, la sakhi décide de faire une allusion significative aux jeux amoureux de la nayika et de son amant, ceci au moment où, à la requête de sa maîtresse, elle lui décore les seins avec des pâtes odorantes :

> « Quand, dans sa chambre retirée, la nayika aux yeux de lotus découvre que sa sakhi, qu'elle avait invitée à lui décorer les seins, a dessiné, au lieu du beau makara (crocodile, emblème de Kama, le dieu de l'amour) qu'elle lui avait demandé, le contour des tendres mains de son amant sur sa poitrine claire et haute comme une double colline d'or, elle (feint la colère et) se met à la fouetter avec les lotus qu'elle tient négligemment à la main. »

Arrêtons-nous un instant sur l'usage consistant à décorer les seins de divers motifs avec de la pâte de safran ou de santal. Cet « art corporel » était tenu en haute estime et faisait partie des nombreux talents que se devait d'acquérir une « dame de haute naissance ». C'est dans ce contexte que Radha demande à Krishna, dans la *Gita Govinda*, de lui décorer les seins en un moment où l'air est redevenu entre eux parfaitement pur et où la passion atteint son apogée. C'est aussi cette coutume qui explique que les nayika soupçonnent leur amant d'être allé voir une « autre femme » lorsqu'elles aperçoivent des traces de safran ou de santal sur sa poitrine après un retour tardif. Ici la nayika, découvrant la farce que lui a faite la sakhi, s'apprête à la frapper avec les lotus en boutons qu'elle tient à la main. Il s'agit là des *lila kamala*, les « lotus tenus nonchalamment » par les jeunes femmes et les jeunes gens élégants.

L'expression de la nayika et celle de la sakhi sont très différentes : un soupçon de colère feinte sur le visage de la nayika et un air d'excitation et de malice contenues sur celui de la sakhi. Le jeu n'est évidemment pas pris au sérieux et la gaieté est présente des deux côtés. Le thème de l'amour ne demande pas toujours à être traité avec gravité et le peintre, à l'instar du poète, a représenté cette scène avec vivacité et humour, tout en conservant les beaux rythmes balancés et la flamboyance des couleurs qui caractérisent cet ensemble.

LA RÉCONCILIATION

Peinture extraite d'un ensemble illustrant le *Rasikapriya*.
Gouache sur papier.
Rajasthan, 2e quart du XVIIe siècle ; d'un atelier de Mewar.
Dans la partie supérieure, poème hindi.
Government Museum, Udaipur ; n° 1097.26/311.

Celui que ravissent les divers parfums de l'amour trouve dans la littérature indienne amplement à se satisfaire. Une des œuvres les plus séduisantes à cet égard est certainement le *Rasikapriya,* littéralement « Le Bréviaire du connaisseur », une œuvre composée en hindi par Keshavadasa en 1591 à la petite cour d'Orchha en Inde du Nord. S'inspirant d'ouvrages antérieurs en sanskrit, et notamment de la *Rasamanjari* de Bhanudatta, Keshavadasa pousse plus loin l'analyse des types déjà définis de nayaka et de nayika ; en outre, il invente des situations nouvelles et explore toute une gamme d'émotions subtilement différenciées, enrichissant ce faisant les catégories existantes par une multitude de sous-catégories. Sa poésie est quelque peu recherchée et fleurie, cependant, lorsqu'on se plaît à suivre les infinies variations qu'elle brode sur le thème de l'amour et qu'on la lit à haute voix pour jouir de ses sonorités complexes mais toujours magnifiques, on goûte un plaisir de grande qualité. Keshavadasa joue en virtuose avec les mots, il les dispose et redispose, les construit et les brise à l'intérieur d'une même strophe « comme des pierres précieuses que l'on taille pour les enchâsser dans de délicates parures ».

La situation des amants varie tout au long de l'ouvrage : rencontre passionnée, malentendus, éloignement, réconciliation se succèdent. A la peinture que nous examinons ici correspond la fin de leurs épreuves. Les malentendus n'ont pas été faciles à dissiper, l'orgueil et le respect humain s'interposant. L'amant et l'aimée n'attendaient que d'être réunis, mais ni l'un ni l'autre ne pouvaient se décider à faire le premier pas. Finalement cependant les barrières se sont abaissées et le dégel est survenu grâce à quelques facteurs extérieurs :

Les nuages roulèrent dans le ciel,
Les paons poussèrent leurs cris,
Et les jeunes filles, ses compagnes, se mirent à chanter,
Le moment était venu ; cela devait arriver.

L'éclair jaillit,
Et révéla son corps doré,
Le lit orné,
L'élégante demeure, le bosquet,
Le moment était venu ; cela devait arriver.
L'air était lourd,

De l'arôme du safran,
Et du camphre,
Les fleurs parfumaient l'atmosphère,
Le moment était venu ; cela devait arriver,
Aux cœurs aimants.
Ainsi dit Keshava : ces deux-là éclatèrent de rire,
Au même instant,
Et toute fierté fut oubliée.
Radha et son bien-aimé ne firent plus qu'un.

Le peintre de ce vaste ensemble qui fut exécuté à Mewar suit fidèlement la description du poète et sait rendre sensible cette montée de la passion que le poème célèbre. L'éclair traversant les nuages, les paons, les fleurs et les parfums, rien ne manque au décor, mais tout est subordonné au sujet véritable : l'ardente passion qui unit les amants.

TELLES SONT LES FLÈCHES DE L'AMOUR

Peinture extraite d'un ensemble illustrant le *Rasikapriya*.
Gouache sur papier.
Rajasthan, milieu du XVIIe siècle ; d'un atelier de Mewar.
Dans la partie supérieure, bref texte en hindi.
Collection de M. Kanoria, Patna.

Krishna est assis, triste et solitaire, dans un coin de la forêt, près de la rivière, et une compagne de Radha rapporte à celle-ci l'état dans lequel elle l'a trouvé. C'est d'être séparé de toi qui l'a mis dans cet état, lui dit-elle. On dirait qu'il a perdu l'esprit ; Kama, le dieu de l'amour, a dû lui envoyer non pas une flèche mais tout un carquois. Il est assis, ajoute la sakhi, près de la rivière, désespéré, et pousse de profonds soupirs. Tel est son état que, lorsque des abeilles bourdonnent dans le bosquet tout près de lui, il semble penser que c'est le tintement de tes bracelets de cheville. Va vite le trouver, lui dit encore d'un ton pressant sa compagne, car « à ce compte-là il n'en a plus pour longtemps ».

Fidèle à la convention qu'observent les peintres de Mewar, l'artiste a séparé le récit et l'événement, avec tout ce que celui-ci implique. Nous comprenons immédiatement l'état dans lequel se trouve Krishna en le voyant assis dans un coin de forêt au milieu d'arbres qui évoquent l'amour : manguiers, bananiers, cyprès ; si le moindre doute devait subsister dans notre esprit, il ne pourrait que se dissiper au spectacle du visage abattu de Krishna, de sa tête détournée et du geste de ses bras exprimant le plus complet désespoir. L'arc fleuri qui lui décoche des traits n'est pas tenu par Kama mais par une femme en qui le peintre veut peut-être que nous reconnaissions Radha ; ce sont en effet « les flèches de ses yeux de lotus » qui ont frappé Krishna au plus profond. Ici, Radha est représentée sous une arcade, perchée sur un lotus à la manière d'une déesse (peut-être figure-t-elle Rati, l'épouse de Kama) ; au-dessus, on la voit assise dans sa demeure en train d'écouter sa sakhi plaider la cause de Krishna. Comme dans le reste de cet ensemble et dans beaucoup d'autres peintures, les arrière-plans sont variés : le peintre introduit ici des fleurs à profusion et quand il montre des oiseaux ce sont des perroquets qu'il choisit, le perroquet étant le véhicule de Kama. Ainsi rien ne manque et tout est orchestré avec soin en vue d'une fin heureuse.

DAME À SA TOILETTE

Gouache sur papier.
Milieu du XVIIe siècle ; d'un atelier de Malwa.
Collection de M. Kanoria, Patna.

Les libertés qu'il prend avec les apparences et le réaménagement du réel dont il considère qu'il a le privilège donnent à l'œuvre du peintre de Malwa un caractère très marqué de franchise et d'autorité. Ayant exécuté de vastes ensembles d'« illustrations » de modes musicaux et de « transpositions picturales » d'œuvres comme le *Rasikapriya* et l'*Amarushataka*, il a aussi peint des œuvres isolées inspirées par la littérature ou les idées sur le shringara. La dame que nous voyons ici assise sur son haut divan, appuyée contre un énorme coussin, met une touche finale à sa toilette, aidée par une servante ou compagne qui lui présente de la main droite un miroir afin qu'elle puisse s'y regarder. Rien n'indique l'état d'esprit de la jeune femme ; aucune référence explicite n'est faite à un amant dont rien n'annonce la venue. Mais si, lorsqu'on voit une dame à sa toilette, on pense à ces sortes de choses, c'est parce que notre esprit associe spontanément ce type de peintures aux situations amoureuses des nayika. On se dit que, presque certainement, ces apprêts, ces parures sur lesquels l'artiste centre cette peinture répondent à une intention. Le contexte, les circonstances doivent avoir à faire avec l'amour. On arrive à cette conclusion en notant non seulement l'importance évidente qu'accorde la jeune femme à sa toilette mais aussi l'atmosphère de passion que crée le peintre à partir de détails apparemment fortuits. L'éclat des couleurs et tout particulièrement du fond rouge contre lequel les deux femmes sont placées, la gaieté avec laquelle est représentée la végétation à l'arrière-plan et sur le côté, le traitement vigoureux des murs, des tours et des coupoles, tout semble orienté dans une direction bien précise. Si l'expression picturale est populaire et n'a pas le raffinement et la sophistication qui caractérisent certaines œuvres de tradition rajput, elle vaut en revanche par l'intensité du sentiment et par la spontanéité sans apprêts avec laquelle le peintre met au jour l'émotion et la laisse agir sur nous.

संकेतदीक्षांदयतस्पदत्वा बितन्वतीभूषणसंगपष्ठो।। मुहस्मरंतीकिलकेलरंम्या
विसावरीनीलसरोयकांती।। ३।।

COMME SI ELLE N'ENTENDAIT RIEN D'AUTRE

Peinture extraite d'un ensemble illustrant le *Satsai*.
Gouache sur papier.
Rajasthan, 1er quart du XVIIIe siècle ; d'un atelier de Mewar.
Dans la partie supérieure, strophe en hindi.
Collection de M. Kanoria, Patna.

L'amour de Radha pour Krishna a atteint des proportions si dramatiques qu'il l'amène à s'abstraire presque complètement du reste du monde. Quand elle n'est pas avec son amant, c'est comme si la vie perdait toute signification pour elle. Les compagnes de Radha rapportent à Krishna l'état de prostration dans laquel elle se trouve quand elle est séparée de lui, même passagèrement. Voici ce que dit la strophe inscrite dans la partie supérieure de la peinture :

C'est comme si elle avait juré de n'entendre rien d'autre
  que le son de sa flûte ;
De jour ou de nuit, on dirait qu'elle garde
  l'oreille constamment tendue vers le bosquet
  (où Krishna folâtre et joue de la flûte).

Cette strophe est tirée du célèbre *Satsai* de Bihari, ensemble de sept cents couplets d'une grande beauté. Le plus souvent, les personnages ne sont ni nommés ni désignés clairement, mais quand le peintre décide d'« illustrer » ce poème ou d'en donner « l'équivalent pictural », il choisit spontanément les figures de Krishna et de Radha pour représenter l'amant et la bien-aimée, car il dispose là d'archétypes tout prêts, amenant avec eux tout un jeu d'association d'idées et de sentiments accessibles à n'importe quel lecteur/spectateur.

Cette peinture fait partie d'un vaste ensemble consacré au *Satsai*. Le peintre représente dans la partie inférieure Krishna adoré par Radha et ses compagnes. C'est dans un berceau de feuillages — des plantes grimpantes formant arcade sur un fond rouge évoquant la passion — que Krishna, assis, reçoit l'hommage et l'amour de sa bien-aimée et de ses sakhi. Autour de lui, sur le sol, se trouvent une guirlande, quelques fleurs, une boîte en or remplie de feuilles de bétel, des parfums et des rafraîchissements dans d'élégants récipients. Radha est assise tout près de Krishna et tend la main pour le toucher tandis que ses compagnes entonnent des chants à la louange du dieu. Cette section de la peinture traite donc de la situation des amants lorsqu'ils sont réunis. Dans une autre section, en haut à gauche, le peintre va décrire l'état de Radha lorsqu'elle est séparée de Krishna. Entourée seulement de deux de ses compagnes, elle se tient également dans un berceau de feuillages et incline fortement la tête sur sa gauche comme si elle écoutait intensément quelque chose, geste dont nous comprenons la signification en regardant la troisième section en haut à droite. En effet ses oreilles ne sont plus en mesure de percevoir d'autre son que celui de la flûte dont Krishna joue dans le bosquet. On pourrait estimer que la peinture suit le poème de trop près mais, même abstraction faite du texte, il est indéniable que la situation est traitée avec intensité et pénétration. Les sentiments sont nettement exprimés et l'habile distribution de l'espace, l'utilisation de fortes et riches couleurs et la mise en place de détails révélateurs donnent à l'ensemble une signification évidente.

रईसोंहसीसुननकीतजिमुरलीधुनिध्यान॥कियेंरहतनितरातिदिन
ाननलागेकान॥३३॥

AMANTS PRÈS D'UNE CHAMBRE

Peinture extraite d'une *Ragamala*.
Gouache sur papier.
Rajasthan, 1623 ; par Virji de Pali, dans la région de Marwar.
Au dos, texte poétique.
Collection de Kumar Sangram Singh, Jaipur.

Avec des moyens étonnamment simples, dans une langue concise mais extrêmement poétique, le peintre traduit ici un mode musical exprimant le sentiment amoureux. Comme dans d'autres peintures de ce type, dans ce délicieux ensemble de style rustique qui provient de la petite seigneurie de Pali située dans la région de Marwar au Rajasthan, le peintre va droit au but et n'offre au regard que très peu d'éléments annexes. Il se borne à ce qui est absolument essentiel pour localiser les personnages et indiquer l'heure et la saison, et cela de la façon la plus austère possible. Dans le cas présent c'est la saison des pluies et, pour l'évoquer, il suffit au peintre de placer dans le ciel des nuages aux formes irrégulières et, au-dessus des amants, un paon arquant le cou pour les contempler. Pour figurer le palais ou la vaste demeure du couple, il se contente d'un dôme et de sa base. Quant à la chambre sur laquelle le jeune homme et la jeune femme fixent le regard, elle n'est meublée que d'un lit des plus sommaires garni d'un seul coussin. La décoration de la porte d'entrée et des éléments architecturaux qui la surmontent est réduite au minimum. Mais en dépit de cette économie de langage, ou peut-être à cause d'elle, le peintre a donné à son œuvre un rythme marqué et a su capter l'essence du désir amoureux. La jeune femme est de toute évidence une *Ragini*, c'est-à-dire la personnification d'un mode musical, et ses formes élégantes, le mouvement de son écharpe flottante, son attitude tout en souplesse et ses gestes allongés évoquent parfaitement le sentiment qui correspond à ce mode musical. Il se peut qu'il faille un temps d'adaptation pour s'habituer au traitement des visages, et particulièrement des yeux, ainsi qu'au rendu résolument économe des personnages et des objets, mais c'est sans aucun effort que l'on perçoit le sentiment que le peintre a voulu mettre au jour.

AU PETIT MATIN

Peinture extraite d'une *Ragamala*.
Gouache sur papier.
Rajasthan, milieu du XVIIIe siècle ; d'un atelier de Sirohi.
Collection de M. Kanoria, Patna.

Lorsque le peintre se lance dans la composition d'une *Ragamala*, terme qui signifie « guirlande de modes musicaux », il considère successivement les nombreux sentiments que la musique évoque et entretient. Ce peut être le retrait et la contemplation dans la musique, ou l'ardeur et l'exaltation, ou bien encore la langueur amoureuse. Dans la tradition indienne, l'iconographie de ces *Ragamala* est extrêmement variée, mais on remarque des constantes dans le traitement de certains des *Raga* et de certaines des Ragini. Au nombre de celles-ci se trouve la Ragini que l'on voit ici et qui porte le nom de *Vibhasa*. C'est un mode du petit matin et la « mélodie-image » conçue par les musiciens et les peintres est celle-ci : un couple d'amants brusquement réveillés par le cri d'un coq au lever du jour. Le choc de ce réveil malheureux et brutal qui met un terme à l'union des amants est tel que le jeune homme, d'un geste impétueux, se met en devoir de décocher une flèche à l'oiseau.

Dans cette peinture, qui provient d'un atelier de Sirohi, le coq n'apparaît pas mais le soleil, auquel le peintre donne ici figure humaine et qu'il place en haut à gauche, marque le lever du jour. Les oiseaux viennent apparemment de sortir de leurs cages et l'un d'entre eux est nourri par une servante du palais accroupie sur le sol dans le coin droit. Mais l'essentiel de l'action se situe au centre, là où sont les amants que le peintre nous présente sur leur lit d'amour. L'amant est maintenant prêt pour le départ, tout vêtu, un riche et élégant turban sur la tête et l'arc à l'épaule. Cette situation n'est évidemment pas du goût de la bien-aimée qui détourne la tête avec tristesse quand elle se rend compte qu'avec le matin l'union amoureuse doit prendre fin. Elle fait presque comme si elle était offensée par cet état de choses et l'amant semble la rassurer en lui disant qu'ils pourront bientôt savourer une autre nuit ensemble. Le sentiment est très net : c'est celui de la passion interrompue ; pour bien souligner cela, le peintre remplit la presque totalité de l'arrière-plan avec le rouge éclatant du mur et le vert d'un feuillage que l'on sent dense et odorant. La brise, qui ravit tant les amants en d'autres circonstances, n'est pas la bienvenue ici car elle marque le retour du matin, mais sa présence donne au peintre l'occasion d'évoquer, par quelques mouvements tourbillonnants, le cœur tumultueux des amants inapaisés.

LE MOIS DE PAUSHA

Peinture extraite d'un ensemble consacré au *Baramasa*.
Gouache sur papier.
Pahari, 1er quart du XIXe siècle ; de l'atelier familial de Sajnu de Mandi.
H.P. State Museum, Simla.

La tradition de la poésie consacrée au *Baramasa* (« Douze mois »), dont nous avons maints exemples dans les langues vernaculaires de l'Inde, veut que l'on célèbre tour à tour les douze mois de l'année ; la beauté des saisons est évidemment le thème central, mais le contexte est presque toujours celui de l'amour. Les mots qui décrivent les spectacles et les sons propres à chaque mois sont souvent placés dans la bouche de la nayika qui se sert de la beauté du moment comme d'un argument contre le départ de l'amant pour un lointain et long voyage. Si c'est le mois pluvieux de Bhadrapada (juillet-août), la nayika évoque le roulement des nuages dans le ciel, le cri des paons, la violence des averses, la force des tempêtes, et presse l'aimé de considérer le désir qu'ils suscitent dans le cœur des amants avant de prendre la décision de partir. Même quand il s'agit des mois brûlants de Jyeshtha et d'Asharh (mai à juillet), elle trouve quelque chose à dire en leur faveur, vantant par exemple la fraîcheur des nuits. Quand elle en arrive au mois de Pausha (décembre-janvier), son enthousiasme est justifié puisque c'est le mois où les amants se serrent l'un contre l'autre pour se tenir chaud et se nichent amoureusement sous de molles courtepointes.

Dans cette peinture appartenant à un ensemble *Baramasa*, la nayika semble près de réussir à convaincre son amant car nous les voyons douillettement blottis sous la même courtepointe, se communiquant leur chaleur et s'étreignant probablement très étroitement. Le peintre ne se sert pas que de l'attitude des amants pour nous indiquer la période de l'année : une servante veille sur le brasier de charbon qui sert à chauffer la chambre ; à travers la fenêtre qui se découpe sur le mur du fond, on aperçoit des montagnes couvertes de neige ; au loin de petits groupes font cercle autour de feux de plein air. Il n'y a pas à se méprendre sur le message : « Les jours sont courts et les nuits sombres et longues », ce serait un péché de ne pas en profiter, voici ce que la nayika semble dire. Le peintre le dit aussi, seulement il le dit à sa façon ; sans l'éloquence des mots de la nayika, mais discrètement, par le jeu délicat de la suggestion.

EN HOMMAGE À L'AIMÉE

Gouache sur papier.
Pahari, 1er quart du XVIIIe siècle ; d'un atelier de Kangra.
National Museum, New Delhi.

Pour les poètes, la Svadhinapatika est une nayika qui est parfaitement sûre de la dévotion que son mari ou son amant a pour elle. Cette tradition se retrouve dans la peinture, les artistes représentant fréquemment des amants entièrement soumis aux désirs de l'aimée ; des gestes symboliques sont exécutés par le nayaka, très comparables à ceux qui sont décrits dans le dernier chant de la *Gita Govinda* de Jayadeva où Radha prie Krishna de la « décorer » de diverses façons maintenant qu'elle est « assurée de son pouvoir sur lui ». Elle invite son bien-aimé à peindre de sa main « plus fraîche que le baume de santal » une feuille avec du musc sur « la coupe rituelle de l'amour », c'est-à-dire ses seins, à lui mettre autour des yeux « un kohl plus brillant qu'un essaim d'abeilles noires », etc. Et Krishna son amant « au *dhoti* jaune », le cœur content, accède à ses désirs.

Passer de la teinture rouge sur les pieds de la nayika ne fait pas partie des charmantes besognes auxquelles se livre Krishna dans la *Gita Govinda*, c'est un ajout du peintre. La peinture dont il s'agit ici ne se rattache d'ailleurs pas forcément à l'œuvre de Jayadeva. Il est beaucoup plus probable qu'elle appartient à un ensemble consacré aux nayika et traduit la conception que le peintre se fait de la Svadhinapatika nayika. Quelle que soit sa source d'inspiration, le sentiment qu'il exprime est très fort et très net : Krishna, accroupi sur le sol, vaque diligemment à sa délicate tâche après avoir lavé et frotté les pieds de Radha. Il tient à la main un pinceau ; par terre, à côté d'une aiguière remplie d'eau, est posé un récipient contenant la teinture rouge. Si Radha, assise nettement au-dessus de Krishna sur un lit surélevé, a l'air un peu mal assuré, ce n'est pas sans raison car Krishna n'est pas un mortel, c'est le Seigneur du monde, l'incarnation de Vishnu lui-même. Les sentiments de Radha vont donc du ravissement à l'embarras tandis que sa suivante, qui se tient derrière elle, a pour sa part une réaction beaucoup plus tranchée : sa stupéfaction est totale devant l'humble soumission de Krishna. Celui-ci, de son côté, n'entretient nulle pensée de ce genre car c'est un amant qui ne voit sa tâche que comme une occupation délicieuse. D'humeur joyeuse, il glisse à sa ceinture le lotus qu'il tenait nonchalamment à la main et s'attaque à sa besogne en prenant les doux pieds de Radha entre ses mains aimantes.

FÊTES AMOUREUSES

Gouache sur papier.
Rajasthan, 2e quart du XVIIIe siècle ; par Nihal Chand de Kishangarh.
National Museum, New Delhi.

Les peintures de Kishangarh sont parfois d'une préciosité qui confine à la mièvrerie, mais à contempler les meilleures d'entre elles on se sent léger et joyeux comme « un oiseau qui chante en pleine nature ». Une conjonction miraculeuse se produisit au XVIIIe siècle entre le souverain de Kishangarh, Sawant Singh, qui écrivait des poésies dévotionnelles à la louange de Krishna sous le nom de plume de Nagaridasa, et un peintre d'un exceptionnel talent, Nihal Chand ; en faisant naître des images à la fois lumineuses, élégantes et sensibles, ils créèrent à eux deux un monde de beauté. Dans les peintures de Nihal Chand, les amants ne sont autres que Radha et Krishna, Radha apparaissant sous une forme très stylisée et empruntant les traits d'une courtisane de l'endroit portant le nom de Bani Thani, selon une légende romanesque locale ; le décor est un panorama qui s'étend à l'infini et offre au regard d'épaisses forêts, de longues perspectives, des pavillons de marbre, de vastes étendues d'eau et d'élégantes embarcations où voguent joyeusement les amants. S'il y a d'autres personnes en vue, c'est que cela répond à un dessein particulier, ou bien que celles-ci sont « introduites » de par le bon vouloir des amants. Mais même ces compagnons ou ces compagnes disparaissent dès que les amants désirent être seuls. Ce que ceux-ci se disent lorsqu'ils se retirent tous deux au cœur d'une sombre forêt, quels chants s'échappent des lèvres de leurs compagnons dans les embarcations qui les emportent, nous devons l'imaginer car il est rare que ces peintures de Kishangarh nous mettent sur la voie par quelque texte ou strophe. Comme si le peintre n'avait d'autre souci que de créer une atmosphère où le rêve domine et où l'imagination prend son essor, portée par le spectacle d'un univers où passion et discrétion se conjuguent.

Cette peinture, comme beaucoup de celles que nous devons à Nihal Chand, est d'une technique sans défaut. Le peintre ne se borne pas dans sa représentation de l'espace à ce que peut appréhender le simple regard. Les perspectives qu'il ouvre ne sont pas là pour copier le réel mais pour permettre à l'œil de savourer à loisir les visions qui lui sont offertes, car forêts, palais, collines et plans d'eau sont chacun représentés suivant des modes particuliers mais toujours avec la même virtuosité. Nihal Chand est aussi très sensible aux ciels, dont les jeux de couleurs illustrent la richesse de sa palette ; cependant son sujet de prédilection, celui auquel il revient toujours, reste les amants ; ce sont eux qui donnent leur rythme à ces fêtes galantes subtiles et colorées.

CES PAISIBLES MOMENTS

Gouache sur papier.
Rajasthan, 2e moitié du XVIIIe siècle ; d'un atelier de Kishangarh.
Fogg Art Museum, Harvard University, Cambridge.

Loin du reste du monde, dans l'éloquent silence de la nuit, les amants sont sur une terrasse de marbre, seuls et debout côte à côte, la tête levée vers le ciel comme s'ils observaient le lever de la lune. Cette contemplation prend figure de rite et on pense à certains très beaux passages du *Naishadhacharita* dans lesquels, une fois les « cérémonies d'amour » célébrées, les amants savourent des moments d'intimité profonde et douce, en regardant la lune poindre dans le lointain, au-dessus des montagnes. On a le sentiment que ces instants sont porteurs de faveurs divines toutes spéciales. Comme pour Nala et Damayanti dans le poème, le reste du monde n'existe plus pour ces amants en ce moment magique de totale communion. Rien d'autre ne semble plus avoir d'importance et même le peintre paraît craindre de troubler la perfection de cet instant puisqu'il a soin d'évacuer presque tout hors champ. Silence et espace sont là pour envelopper les amants et les protéger de la plus petite ombre de pensée ou de préoccupation.

AU MILIEU DES ROSEAUX, SUR LES RIVES DE LA YAMUNA

Gouache sur papier.
Pahari, dernier quart du XVIIIe siècle.
Bharat Kala Bhavan, Bénarès.

Quand enfin ils se retrouvent ensemble, débarrassés de la poussière du doute, les amants folâtrent tout à loisir et leur passion s'exprime en mille jeux amoureux. Dans cette peinture, ils sont assis sur un lit de feuillages dans un riant bosquet au bord de la Yamuna et Krishna, mû par une impulsion subite, décide de renverser les rôles : il retire sa couronne de plumes de paon et la pose sur la tête de Radha, puis il enlève de son cou la longue guirlande de fleurs sauvages qu'il affectionne et la passe au cou de la jeune femme ; il n'a probablement pas cessé de lui tenir le bras avec sa main gauche et maintenant il passe son bras droit autour de sa taille. Il ne s'agit pas ici de cette « offensive hardie » dont parle le poète et où l'aimée « triomphe de son amant » ; non, c'est seulement un paisible et tendre échange entre deux amants, leur passion répandant sa lumière sur eux et sur tout ce qui les entoure.

RENCONTRE PRÈS D'UN PUITS

Gouache sur papier.
Rajasthan, milieu du XVIIIe siècle.
Fogg Art Museum, Harvard University, Cambridge.

Le « premier échange de regards » est un thème particulièrement séduisant pour les poètes et pour les peintres. Même les peintres de la cour moghole, d'ordinaire attirés bien davantage par des thèmes plus concrets ou événementiels : chroniques, portraits, épisodes historiques, reviennent sans cesse vers ce sujet. La peinture que nous examinons ici a probablement été inspirée par une œuvre moghole à un peintre rajput établi au Rajasthan, peut-être à la cour de Kishangarh. Un jeune prince, monté sur un cheval fougueux à la robe bleue, s'arrête près d'un puits. Assoiffé, il demande à boire et une jeune beauté s'avance pour lui offrir le contenu de sa cruche. Le prince met sa main en coupe pour recevoir l'eau — manière de boire habituelle, au moins à la campagne — et lève la tête vers la jeune fille qui se tient contre le parapet du puits ; leurs yeux alors se rencontrent. Ce qui s'ensuit est laissé à notre imagination, mais cet instant précis va marquer pour longtemps l'esprit des futurs amants. Peut-être y aura-t-il une suite ; peut-être le prince reviendra-t-il demander la main de la jeune fille « qui a enchaîné son regard au sien », réalisant ainsi le rêve romanesque de la belle villageoise transportée dans un palais lointain et merveilleux. Mais tout cela, nous n'y sommes pas encore.

Il y a beaucoup à voir dans cette peinture, mais tout est centré sur la magie de cette première rencontre avec tout ce qu'elle comporte d'innocence. Si la situation paraît d'abord banale, son charme se met cependant très vite à agir. On se rend compte alors que ce qu'il y a de remarquable dans ces innombrables peintures sur le thème de l'amour — comme nous l'avons vu déjà — c'est qu'en dépit de leur utilisation de formules parfois usées et de leur caractère répétitif, elles parviennent malgré tout à garder une légèreté aérienne, une fraîcheur de rosée.

QUAND LE DÉSIR S'EMPARE D'ELLE

Gouache sur papier.
Rajasthan, 2e quart du XVIIIe siècle ; de l'atelier familial de Bagta-Chokha, à Deogarh.
Patna Museum, Patna ; n° 2067.

Une peinture comme celle-ci ne se réfère pas à un texte poétique ; elle ne présente pas non plus de situation particulière. Il est improbable que cette ravissante jeune fille appartienne à un ensemble consacré, par exemple, aux nayika considérées du point de vue de leur apparence physique, de leur type de beauté ou de quelque chose d'analogue. Le peintre a simplement voulu montrer une très séduisante jeune fille en un moment où une certaine attente amoureuse s'empare d'elle. Il n'est même pas nécessaire que cette attente s'adresse à une personne bien définie vers qui nous la surprendrions en train de laisser aller ses pensées. L'héroïne ne fait que personnifier pour le peintre la beauté et l'attente amoureuse. Quelque part dans l'esprit de celui-ci devaient se loger des notions générales sur les critères de perfection d'une jeune fille ayant tout juste franchi le seuil de l'adolescence : la poitrine qui devient à la fois souple et ronde, la taille excessivement fine, les hanches en voie d'épanouissement ; c'est ce moment ravissant évoqué par le poète « où le corsage a du mal à contenir les seins hauts et gonflés ».

Le corps tout entier de la jeune fille est investi par cette charge amoureuse et l'art du peintre consiste à nous le faire sentir. Sa tête est tournée de côté comme pour révéler ses traits bien dessinés et l'élégance de ses yeux de lotus ; le regard s'abaisse légèrement, suggérant un certain embarras ; les bras se dressent loin au-dessus de la tête et les doigts s'entrecroisent, cette attitude provoquant une tension et une remontée du buste ; la taille étroite et souple mène doucement aux hanches qui font saillie d'un côté. Le peintre s'est évidemment soucié de mettre le plus possible en valeur les séduisantes rondeurs de la jeune fille. La posture une fois établie, il lui reste à traiter la parure et le vêtement, ce qu'il fait avec le plus grand soin. De multiples colliers de perles entourent le cou, glissent entre les seins et se balancent contre le buste à demi nu, entraînés par le mouvement des bras tendus au-dessus de la tête ; de petites agrafes et pendeloques en perles sont accrochées aux cheveux et suspendues aux oreilles ; une chaînette, en perles également, festonne les hanches ; de larges bracelets compliqués enserrent les poignets et des bracelets plus étroits parent le haut des bras ; on aperçoit les paumes teintées de rouge tandis que le dos des mains est habillé d'un entrelacs de perles. Plus encore que la profusion des bijoux, c'est le traitement du vêtement qui souligne le rythme du corps et lui donne une élégance surnaturelle : le voile rentré dans la jupe à la taille glisse sur les hanches, disparaît derrière le buste, refait une apparition derrière la tête, puis retombe le long du corps, soulignant la finesse de la taille. Jupe et voile sont du même rouge profond, mais le voile est parsemé de fleurs blanches et or dont on dirait qu'elles s'épanouissent à l'instar de cette jeune silhouette.

UNE BEAUTÉ PENSIVE

Gouache sur papier.
Rajasthan, milieu du XIXe siècle ; d'un atelier de Jaipur.
Collection de Sangaram Singh, Jaipur.

Cette beauté au corps d'albâtre est plus probablement une courtisane qu'une princesse d'une maison royale. N'étant pas placée dans une situation facilement identifiable, la regarder comme une nayika dans le cadre d'un texte poétique défini serait difficile. D'autre part, le fait qu'elle n'ait pas seulement le haut du corps dévêtu mais qu'elle soit entièrement nue, comme on peut aisément s'en rendre compte bien que la peinture ne donne qu'un aperçu de la nudité du corps au-dessous de la taille, lui fait rejoindre les rangs des séduisantes jeunes femmes dont on tirait le portrait ainsi dévêtues lorsque la photographie fit son apparition dans les cours du Rajasthan au XIXe siècle.

La silhouette est rendue avec une élégance marquée, le peintre choisissant de représenter le visage de trois quarts plutôt qu'en vrai profil comme cela était de rigueur dans la tradition de la peinture rajput. La belle couleur ivoire de la peau est rehaussée par le voile orange qui descend derrière la tête et recouvre légèrement l'épaule droite. Le fond, constitué d'un a-plat gris-bleu, fait ressortir le relief du corps et semble le projeter vers nous. Le noir des tresses, qui glissent le long du dos comme si elles ne pouvaient se décider à s'en séparer, ajoute à l'effet de transparence du teint. Le regard, qui semble ne se diriger nulle part en particulier, et la bouche légèrement ouverte donnent à la jeune femme l'air d'être plongée dans une pensive et innocente rêverie. Il n'y a pas de complaisance dans sa nudité ; le peintre l'a vue dévêtue et l'a peinte ainsi, voilà tout.

La ligne est sèche et la silhouette découpée d'un trait aigu. Le peintre a rendu chaque petit détail avec grand soin, dessinant perle après perle les nombreux bijoux dont la jeune femme est parée et traitant avec une extraordinaire finesse les ombres qui suivent la courbe du menton et le contour des seins mais soulignent aussi des traits moins évidents : ainsi la ligne verticale, presque imperceptible, du duvet partageant en deux le buste et continuant au-delà du nombril. La peinture de Jaipur datant de cette époque a été par trop mésestimée et des œuvres de cette qualité prouvent la nécessité qu'il y a à la prendre sérieusement en considération en tant qu'expression tardive mais valable de la peinture rajput au XIXe siècle.

L'ESCARPOLETTE DE L'AMOUR

Gouache sur papier.
Rajasthan, 1er quart du XIXe siècle ; d'un atelier de Jodhpur.
Collection du Mehangarh Fort Museum, Jodhpur.

Les amours et les passe-temps élégants des princes sont un des thèmes favoris des peintres rajput. Dans la vie réelle, les princes des maisons régnantes avaient certainement à faire face à de dures réalités, mais quelqu'un qui, pour connaître leur quotidien, se fonderait sur les peintures exécutées pour eux, ne verrait dans celui-ci qu'une longue suite de réjouissances. En effet ces œuvres colorées et joyeuses nous les montrent invariablement en train de se divertir sans souci du temps qui passe : ils restent de longues heures dans les appartements des femmes, goûtent la beauté des saisons, partent chasser des nuits entières, examinent tout à loisir des œuvres d'art en compagnie de leurs intimes, bref ils savourent les joies de l'existence. Tout ceci finalement fait partie d'un propos d'ensemble, peintre et mécène conspirant pour créer un monde presque irréel.

Il est clair que le prince de Jodhpur, qui se distingue ici par le halo apparaissant derrière sa tête, entretient un vaste harem de très belles jeunes femmes. Il est sorti dans le jardin en leur compagnie pour célébrer la saison des pluies et partage une balançoire avec son épouse favorite ; des servantes et des suivantes se tiennent de part et d'autre de l'escarpolette ; à l'arrière-plan, des fleurs s'épanouissent à profusion tandis que dans le ciel s'accumulent des nuages chargés de pluie. Le prince a beau être entouré d'un essaim de jolies femmes agitant des chasse-mouches ou tenant des plateaux en or remplis de douceurs de toutes sortes, il n'a d'yeux, semble-t-il, que pour sa bien-aimée. Tandis qu'il se tourne vers elle, l'escarpolette se balance doucement, nonchalamment, et ce mouvement fait tourbillonner le bas du vêtement des amants. Le peintre exagère volontairement le rythme qui anime la peinture. Courbes et spirales sont généreusement distribuées et le tranquille balancement de l'escarpolette semble se communiquer à tout ce qui l'entoure : le bas des jupes des suivantes, les feuilles de bananier qui pointent derrière les buissons fleuris et les nuages stylisés. Tout concourt à évoquer l'amour et les joies de l'union. Les couleurs sont riches : toute une gamme de rouges, d'oranges et de bleus rehaussés par une abondante utilisation de l'or. Il est clair que le peintre a pris soin de faire dominer l'orange dans les vêtements du prince et des jeunes femmes pour les mettre en accord avec le caractère de la saison. Mais il n'y a pas que les personnages principaux de la partie supérieure de la peinture qui soient ainsi vêtus d'orange et d'or ; même les femmes qui occupent la partie inférieure et n'ont qu'une importance secondaire — certaines sont à cheval, d'autres autour d'une balançoire — sont habillées de la même manière. Comme si un décret royal était à l'origine de cette explosion de couleurs triomphantes.

Les personnages obéissent à la convention largement en usage de « l'échelle d'importance ». Si les femmes situées au premier plan au bas de la peinture sont plus petites que les personnages principaux, c'est que leur rôle est moins important, non qu'elles sont situées à distance. Elles ne sont là que pour contribuer à créer l'atmosphère qui règne dans la maison royale quand les amants sont réunis et que la saison, elle aussi, est à l'amour.

RITE D'AMOUR

Gouache sur papier.
Pahari, 1er quart du XVIIIe siècle ; de l'atelier familial de Seu-Nainsukh.
Bharat Kala Bhavan, Bénarès.

Peu de choses ont été dites et il y a peu de choses à dire sur des peintures du type de celle-ci. Les amants sont réunis, leurs membres se touchent, leurs regards sont rivés l'un à l'autre, une passion intense et paisible envahit tout leur être. Si Radha tend la main pour offrir une feuille de bétel à Krishna, son amant divin, ce geste ne correspond pas à un épisode particulier de leur vie : la jeune femme ne fait qu'accomplir un rite d'amour. Le temps ne compte plus ; peut-être même n'existe-t-il plus pour personne.

COMME DU VIF-ARGENT

Peinture extraite d'un ensemble illustrant la *Rasamanjari*.
Gouache sur papier.
Pahari, 3e quart du XVIIe siècle ; d'un atelier de Basohli.
Au dos, poème sanskrit ; sur le bord supérieur, la légende définit l'héroïne : « L'ingénue, nouvelle épousée. »
Dogra Art Gallery, Jammu ; n° 366.

Pour parvenir à une claire compréhension des situations et observer une certaine continuité dans un ensemble de peintures, amants et bien-aimées doivent être considérés comme des prototypes, ils doivent être idéalisés. En ce qui concerne la bien-aimée, ou nayika, l'artiste ne disposait pas d'une image bien précise mais, pour le héros ou l'amant, le poète aussi bien que le peintre étaient en possession d'un modèle tout prêt : Krishna, le Dieu bleu, huitième incarnation de Vishnu et presque indissociable de lui ; adoré par des millions d'hommes et de femmes dans toute l'Inde, chacun se le représentant de façon bien précise : drapé dans le dhoti jaune qu'il affectionne, il porte une couronne de lotus ou de plumes de paon ; il a une flûte à la main et une longue guirlande de fleurs odorantes se balance à son cou ; c'est le « voleur de cœurs », le « séducteur innocent » dont chacun connaît et célèbre la vie et les amours. C'est l'archétype de l'amant, ardent et passionné, tantôt soumis, tantôt fier et hautain ; fidèle un jour, inconstant et libertin le lendemain. Mais on revient toujours à lui car il est, finalement, le Dieu auquel toute la création aspire à s'unir. Quelle meilleure façon par conséquent d'exprimer la soif que l'on a de lui que de se le représenter comme l'amant dont toute femme est passionnément et désespérément éprise ? Conscients de cela, poètes et peintres se sont autorisés à adopter Krishna comme archétype de l'amant, même s'il n'est pas spécifiquement nommé dans chacun des textes ou des poèmes. Quoi de plus simple et de plus convaincant, dès l'instant où, d'un bout à l'autre de l'Inde, l'identification de Krishna à l'amant en tant que tel était déjà naturellement acquise ?

Krishna apparaît ici en héros, nayaka, dans le contexte de la *Rasamanjari* qui, dans ses premiers textes, distingue les héroïnes selon qu'elles ont ou n'ont pas l'expérience de l'amour. La nayika que le poète décrit ici est la nouvelle épousée, de la catégorie des « ingénues », une Navodha. Le poème qui la célèbre dépeint l'affrontement du brûlant héros et de sa jeune femme :

> « Tire-la doucement vers le lit, enserre-la de tes bras aimants ; effarouchée, la nouvelle épousée lutte pour se dégager. Crois-moi, il est aussi difficile de se rendre maître d'une jeune épouse que d'immobiliser du vif-argent sur la paume de sa main. »

Sur cette peinture, une écharpe jaune flotte autour de la taille de Krishna ; il a laissé de côté son habituel dhoti — comme il convient à cette heure du soir — et a revêtu une sorte de pantalon de nuit court, à raies rouges et jaunes. Sa flûte n'apparaît pas, mais ce ne peut être que lui, identifié sans méprise possible par le bleu de sa peau, son diadème surmonté de lotus et la double guirlande de fleurs qui pend à son cou. Mais il ne faut pas le regarder comme une déité à qui adoration et hommages sont dus ; c'est ici un amant, passionné et ardent, s'évertuant à se rendre maître de la bien-aimée, timide et sans expérience, qui lutte pour échapper à son étreinte. Le peintre ajoute au dramatique de la scène en donnant pour arrière-plan au couple le rouge vif d'un lit — occupant la totalité de la chambre — dont la base est drapée de vert et sur lequel sont disposés deux longs coussins d'aspect moelleux ; significative aussi est la porte à demi ouverte disposée sur le mur du fond. Cet affrontement, tel que l'envisage le poète, est un affrontement d'amour ; il n'y a nulle contrainte, nulle discorde, la lutte est ici le symbole de l'inexpérience. C'est la connaissance des choses qui manque à la timide héroïne et non la passion.

Le poète place, semble-t-il, le récit dans la bouche de l'amant décrivant la scène à un ami ; le peintre a quelque peu modifié la situation puisqu'il a représenté deux suivantes qui commentent l'affrontement comme si elles en avaient été les témoins. Le bras tendu de l'une d'elles, passant devant un pilier, s'avance dans la chambre — manière subtile d'établir un lien entre l'événement et sa description. Cet artifice de construction introduit un sentiment de proximité, comme si l'on nous invitait à prendre part à cette situation brûlante.

LE DILEMME DE LA NAYIKA

Peinture extraite d'un ensemble illustrant la *Rasamanjari*.
Gouache sur papier.
Pahari, 1694-95 ; par Devidasa de Nurpur.
Au dos, poème sanskrit.
Dogra Art Gallery, Jammu ; n° 331.

Cette nayika fait aussi partie des nouvelles épousées ; cependant c'est avec beaucoup d'amour et de confiance qu'elle contemple son époux et amant. Il y a de la passion en elle, mais aussi une compréhension qui a crû avec le temps. Le poète décrit ainsi la situation :

« La nayika est enfermée dans un dilemme. Si elle ferme les yeux et se laisse aller au sommeil, elle se refusera la joie de regarder le ravissant visage de l'aimé ; c'est ce que lui souffle son désir. Mais si elle reste éveillée, elle n'aura d'autre issue que de répondre aux vœux pressants de son époux. Elle ne peut donc ni dormir ni rester éveillée. Agitant ces pensées, elle se tourne et retourne sur sa couche. »

L'amant semble dormir sans avoir aucunement conscience de la situation : peut-être est-il accablé par la fatigue des tâches journalières ou peut-être rentre-t-il d'un exténuant voyage. Mais ceci ne diminue en rien l'ardeur de la nayika. S'il y a pour elle dilemme, c'est que la confiance qu'elle porte à son époux et le sentiment de l'amour partagé l'amènent à une pleine compréhension de l'aimé. Le sari rayé et flottant révèle plus qu'il ne le cache le corps plein de langueur de la nayika et semble frémir lui aussi de désirs insatisfaits. Le regard que la nayika, complètement absorbée dans sa contemplation, garde fixé sur le visage de l'amant, ainsi que sa main qui ébauche un mouvement en direction du bien-aimé, indiquent clairement son état d'esprit. La porte à demi ouverte se découpant sur le mur du fond, les flacons de toutes formes contenant boissons et parfums disposés dans les niches et autour du lit, le drapé du rideau, tout contribue à créer l'atmosphère. Il n'y a rien de vraiment dramatique dans cette situation, tout se joue dans l'esprit de la nayika, aussi cette peinture a-t-elle un caractère relativement paisible au regard de celle qui la précède ici. Mais la passion est présente, sans le moindre doute.

Notons aussi le fait que, comme dans le reste de l'ensemble illustrant la *Rasamanjari* de Devidasa auquel appartient cette peinture (voir page 59), le héros n'emprunte pas les traits de Krishna, l'archétype de l'amant, mais ceux d'un jeune prince ou d'un jeune noble de l'entourage du peintre. La couleur de sa peau, sa barbe et son turban ne sont pas ceux de Krishna, mais il ne faut pas le regarder non plus comme une personne particulière. C'est toujours le nayaka, le héros-type, en terme de rhétorique amoureuse.

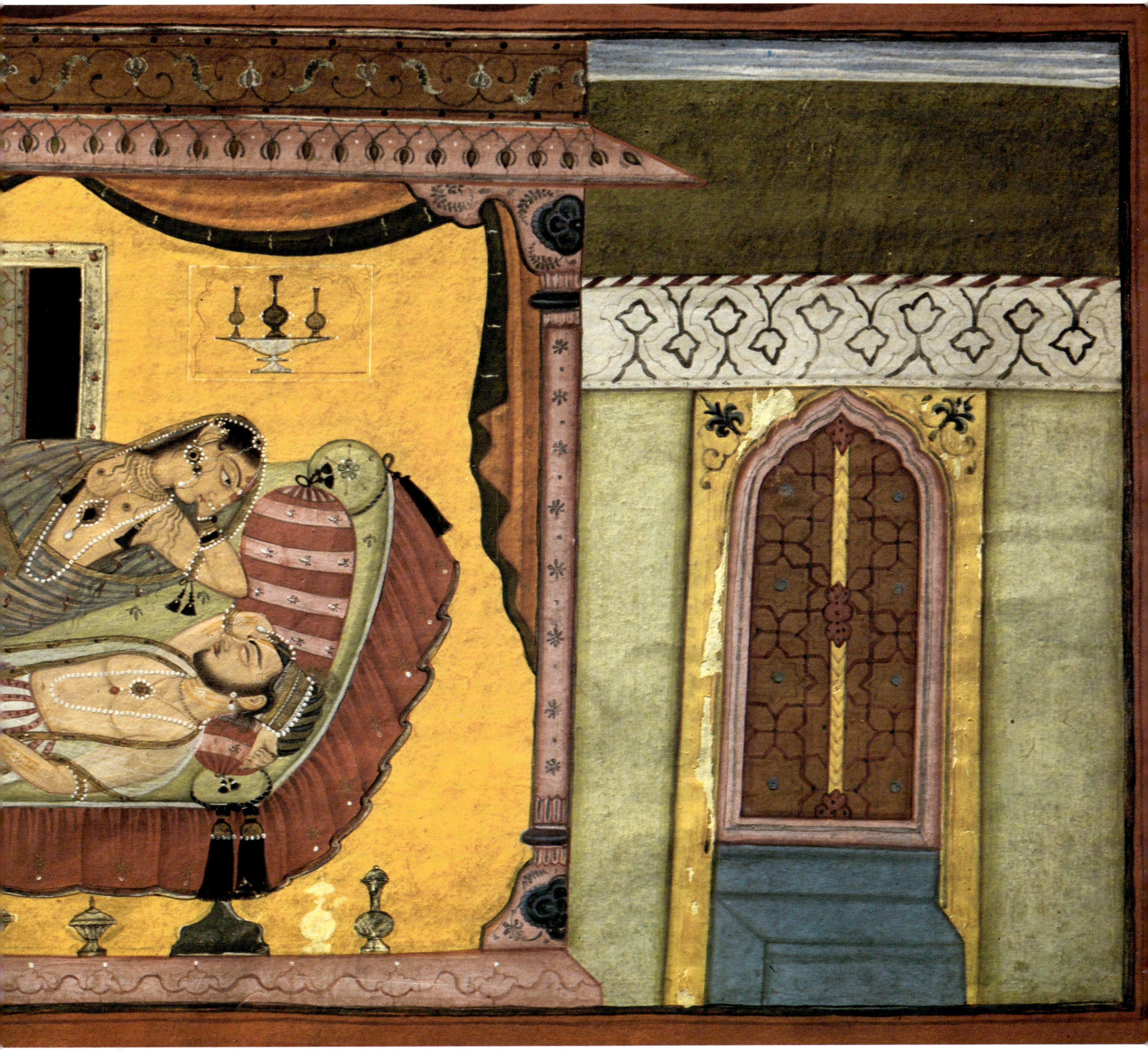

LE MOMENT ASTUCIEUSEMENT DÉROBÉ

Peinture extraite d'un ensemble illustrant la *Rasamanjari*.
Gouache sur papier.
Pahari, 3e quart du XVIIe siècle ; d'un atelier de Basohli.
Au dos, poème sanskrit ; sur le bord supérieur, la légende définit les héroïnes :
« Les ulcérées et irritées ; senior et junior. »
Dogra Art Gallery, Jammu ; n° 375.

Quand l'amant revient après s'être rendu coupable, on le suppose, de cette faute qui rend furieuses ses deux bien-aimées, co-épouses, il les retrouve non à la maison mais dehors, dans la forêt. Malgré leur irritation, les ponts ne sont pas complètement coupés entre elles et l'amant et celui-ci décide de tirer avantage de la situation. Sachant qu'elles ne vont pas cesser d'obéir à ses injonctions, au moins en ce qui concerne les petites choses de la vie quotidienne, il encourage l'une d'entre elles à aller cueillir des fleurs afin de les rapporter à la maison, et peut-être de décorer leur lit avec. La colère étant seulement momentanée et les sentiments étant toujours les mêmes, une des bien-aimées se conforme à sa demande et, s'étant munie d'un panier, s'en va. C'est le moment que choisit le héros pour se tourner prestement vers l'autre, sa favorite, et l'étreindre d'un geste bref mais passionné. Il ne s'agit pas seulement pour lui d'établir un contact physique, mais aussi de lui prouver de façon convaincante qu'il la préfère à l'autre ; il flatte ainsi son amour-propre dans l'espoir de faire fondre son cœur. L'auteur de la *Rasamanjari* décrit ainsi la situation :

> « A son retour, l'astucieux héros retrouve ses deux bien-aimées, la favorite et l'autre, dans une épaisse forêt. Se rendant parfaitement compte de leur colère, il s'arrange pour envoyer la moins aimée dans la partie de la forêt où les fleurs s'épanouissent à profusion et saisit cet instant pour étreindre sa ravissante bien-aimée ; celle-ci, drapée dans un vêtement d'un ton lumineux, lui lance un regard embué de rêves tandis qu'un sourire joue sur ses lèvres humides. »

Afin de faire tenir l'ensemble de la scène sur le feuillet, le peintre a dû se résoudre à placer la jeune femme qui cueille des fleurs non loin de celle que l'amant étreint passionnément. Il nous invite cependant à imaginer que la distance entre elles est considérable. Afin que nous comprenions que la moins aimée ne se rend même pas compte de ce que l'astucieux héros est en train de faire, l'artiste a orienté son visage dans la direction opposée. Le héros passe vivement son bras autour du cou de sa favorite et tient de sa main gauche un bouton de lotus au-dessus de sa tête comme s'il lui décernait une couronne. La position de sa main droite au-dessous du menton de la belle nous invite à penser qu'il va l'embrasser et son regard, fixé sur la bien-aimée, est à la fois ferme et suppliant. Elle n'est plus en colère, semble-t-il : ses yeux embués de rêves — s'ils sont ainsi, c'est à cause de la nuit sans sommeil qu'elle vient de passer à attendre l'aimé — sont maintenant grand ouverts tandis qu'elle s'abandonne au geste impétueux et passionné de l'amant sans résister autrement que par une vague tentative pour écarter son bras.

Le fond d'un jaune très dense qu'a choisi le peintre rehausse les rouges, les ors, les bleus et les violets lumineux des trois personnages et met en relief les arbres et les buissons en fleurs qui constituent « l'épaisse forêt ». L'épaisseur de la forêt ne peut au demeurant être que relative, l'artiste devant y ménager l'espace nécessaire à l'action. Les arbres gardent donc toute la somptuosité de leurs couleurs et de leurs formes, mais ils s'inclinent, s'abaissent et perdent leur juste échelle afin de nous permettre d'appréhender pleinement la scène dont la forêt est le théâtre.

AMERTUME
DANS LE REGARD DE L'AIMÉE

Peinture extraite d'un ensemble illustrant la *Rasamanjari.*
Gouache sur papier.
Pahari, 3e quart du XVIIe siècle ; d'un atelier de Basohli.
Au dos, poème sanskrit ; sur la bordure supérieure, la légende définit l'héroïne :
« L'épanouie qui allie patience et amertume. »
Dogra Art Gallery, Jammu ; n° 367.

Il y a de la colère dans l'air, car l'amant s'est rendu coupable d'une faute. Aux fautes de l'amant, les différentes catégories d'héroïnes, ou nayika, donnent différentes sortes de réponses ; l'ingénue contrôle difficilement ses réactions ; celle qui a une petite expérience est plus précautionneuse ; l'épanouie sait faire alterner ironie et amertume. La nayika dont il s'agit ici entre dans la catégories des « ulcérées », car elle allie ironie et amertume sans tempérer ni ses paroles ni ses gestes. L'amant est conscient qu'il a commis une faute — on ne nous le dit pas exactement, mais peut-être n'a-t-il pas été fidèle, ou peut-être son œil s'est-il trop attardé sur une autre belle — et c'est avec quelque appréhension et nervosité qu'il s'approche de la bien-aimée. Son inquiétude le conduit même à prier un ami de l'accompagner jusqu'à la maison de l'aimée, bien que cela ne lui soit finalement d'aucun secours puisque l'ami choisit de rester à la porte et de laisser l'amant s'expliquer et amadouer l'aimée hors de sa présence. En entrant dans la chambre de la nayika, l'amant la trouve en proie à une incontrôlable fureur. Son geste d'apaisement est sans effet car la nayika, abandonnant sa couche, s'est assise sur le tapis et ne manifeste pas la moindre vélléité de s'adoucir :

> « Lorsque l'amant s'approche du lit, la nayika aux yeux de biche détourne le visage. Quand elle l'entend lui adresser des prières d'une voix basse et suppliante, elle a un léger sourire et ses joues se colorent de rose. Mais quand il pose sa main sur la sienne, elle lui jette, de ses yeux largements ouverts, un regard dont l'éclat est celui des rayons jaillissant des écailles d'un poisson immergé dans la laque en fusion. »

Les écrivains qui se sont penchés sur la question distinguent cette nayika d'une autre jeune femme en colère, la Khandita, décrite, elle, dans le contexte d'une autre classification, celle des « situations amoureuses ». Ce n'est pas en effet à la situation que l'on s'attache ici, c'est simplement la nature de la nayika que l'on considère. Elle est la *Praudha*, celle dont la colère allie ironie et amertume.

La richesse des images avec lesquelles joue le poète — le regard étincelant de colère de la nayika, par exemple, « dont l'éclat est celui des rayons jaillissant des

écailles d'un poisson immergé dans la laque en fusion » — est égalée en tous points par le peintre. Chambre richement décorée, garnie de niches et meublée d'un lit d'aspect luxueux, tapis à fleurs, raffinements architecturaux, tout concourt à donner au décor sa somptuosité et à suggérer en même temps l'attente de la venue de l'aimée. Mais si la jeune femme est maintenant irritée et ne peut contenir sa colère, ce n'est pas sans raison. Le peintre ménage un heureux contraste entre le geste apaisant et plein d'élan du héros et le mouvement de la nayika détournant son visage ; par un tour de force inhabituel, il réussit également à donner à la nayika ce regard irrité et oblique où l'œil barre entièrement le profil, pupille en coin. Une fois encore, on remarque le corps légèrement affaissé de la nayika, en contraste avec la silhouette ferme et énergique du héros. Attitudes et rôles respectifs sont ainsi clairement établis ; quant aux couleurs, elles brillent et brûlent avec une intensité qui évoque pour nous la laque en fusion.

UNE MANŒUVRE HABILE

Peinture extraite d'un ensemble illustrant la *Rasamanjari.*
Gouache sur papier.
Pahari, 3e quart du XVIIe siècle ; d'un atelier de Basohli.
Au dos, poème sanskrit ; sur le bord supérieur, la légende définit les héroïnes :
« Les épanouies dont la colère allie ironie et amertume. »
Dogra Art Gallery, Jammu ; n° 328.

Le héros n'a qu'une idée, c'est d'apaiser ses deux bien-aimées — la favorite et la moins aimée — la situation étant à peu près semblable à celle que nous avons rencontrée précédemment : les nayika sont irritées à la suite d'une faute du héros et celui-ci, lourd de culpabilité, se met en frais pour les ramener à lui et faire disparaître leur colère. Espérant que des cadeaux de prix contribueront à les apaiser et à leur faire oublier son inconstance — celle-ci étant considérée comme implicite dans cette sorte de situation telle qu'elle est définie par les théoriciens — il pense en outre à un astucieux stratagème qui ne pourra que le servir. Dans chacune de ses mains il tient une pierre précieuse — d'une valeur telle que la femme la plus violemment irritée ne pourrait y résister — mais, en les tendant à ses bien-aimées, il fait aussi autre chose :

> « Dans le but d'apaiser les deux nayika (la favorite et la moins aimée), l'astucieux amant leur présente deux pierres précieuses d'une étincelante beauté sur la paume de ses mains. Il tend l'une d'entre elles à la première, mais en allongeant le bras pour offrir l'autre à la seconde, sa favorite, il lui effleure doucement les seins, caresse dérobée par où se manifeste sa passion. »

Il est difficile de faire une distinction entre les deux belles, mais pour l'amant qui connaît bien son cœur la chose est claire. Le peintre considère comme implicite le fait que les nayika sont irritées mais aussi qu'elles ne souhaitent qu'une chose, c'est pardonner à l'amant sa faute ; de même doit-il être tenu pour acquis qu'il y a stratagème de la part de l'amant lorsqu'il marche avec élan vers elles, les pierres précieuses étincelant au cœur de ses paumes ouvertes. La nayika placée à droite, vêtue d'un corsage rouge et d'une jupe jaune vif sur laquelle retombe un châle blanc à pois, a déjà dans sa main le présent et, toute à sa contemplation émerveillée, néglige de remarquer le geste rapide de l'amant qui tend un peu plus qu'il ne le faut son bras gauche pour offrir le joyau à sa compagne et lui effleure ainsi les seins, manière à la fois discrète et éloquente de traduire sa passion. Nul échange de sourires ; rien n'est dit clairement, mais ceux qui connaissent la peinture et la littérature amoureuses savent d'évidence qu'il se passe quelque chose d'important.

Comme pour rehausser le fond relativement froid de la partie droite de la miniature — qui en est la partie essentielle — le peintre dispose sur la gauche un petit tableau : un garde, assis sur les marches, surveille une porte à demi ouverte qui se découpe sur un mur d'un jaune étincelant. Pourquoi ce garde est-il là ? La chose n'est pas évidente. Peut-être est-ce pour distinguer cette situation des deux autres qui s'en rapprochent étroitement et viennent d'être décrites dans le texte du poète. D'un point de vue pictural en tout cas, la raison est claire : cette portion de la miniature — pour petite qu'elle soit — donne, par la richesse d'évocation de ses coloris, une force évidente à l'ensemble.

PEUT-ON RÉSISTER A DE TELLES PLUIES ?

Peinture extraite d'un ensemble illustrant la *Rasamanjari*.
Gouache sur papier.
Pahari, 3e quart du XVIIe siècle ; d'un atelier de Basohli.
Au dos, poème sanskrit ; sur le bord supérieur, la légende définit l'héroïne : « L'épanouie qui appartient à un autre. »
Dogra Art Gallery, Jammu ; n° 376.

La nayika que nous voyons ici avec ses compagnes est une Parakiya (« celle qui appartient à un autre »), mariée à quelqu'un qui n'est pas l'aimé. Il est clair que l'amour qui la porte hors des liens conjugaux est illégitime dans le contexte moral de la société à laquelle elle appartient, mais il n'en est que plus passionné. Descendue dans le jardin odorant, elle contemple ce qui l'entoure, le feuillage lustré, les nuages chargés d'une pluie qu'elle sent toute proche, presque palpable ; la passion monte alors en elle, encore plus violente, et soudain elle ouvre son cœur à une sakhi, sa compagne :

> « Ô sakhi, que pourrait-il y avoir de mieux que ce bosquet au bord de la Rewa ; y a-t-il lieu plus approprié pour se concilier les faveurs de Kama, le dieu de l'amour ? La brise est chargée de parfums et l'on sent la présence des fleurs de cardamome à demi épanouies. Comme elle est bénie aussi cette saison des pluies où apparaissent des nuages denses, gonflés d'eau et près d'éclater ! Mon cœur, ô amie, ne m'appartient plus mais appartient à un autre et il me tarde tant que quelque chose s'accomplisse et que je sois emportée (dans des plaisirs que l'imagination ne peut même entrevoir). »

Le peintre a retenu un grand nombre de notations du texte : le bouquet d'arbres, les massifs odorants, le bord de l'eau, les nuages chargés de pluie, l'éclair dans le ciel, la nayika qui s'adresse à sa confidente. Mais il va plus loin en séparant la peinture en deux parties bien distinctes : dans la partie gauche, il place la nayika et sa compagne ; dans la partie droite, il met en scène l'homme dont est éprise l'héroïne, qu'il représente seul au milieu d'un bosquet, une fleur de lotus dans la main droite, en situation d'attente. Comme si l'artiste n'avait pas voulu laisser l'objet du désir de la nayika à notre imagination, mais avait souhaité lui donner une figure précise. Attente et ardeur amoureuse sont ainsi doublement affirmées par ce choix pictural. Bien des choses sont ici suggérées, mais l'introduction du héros à droite de la peinture donne une résonance particulière au petit discours tenu par la nayika à sa compagne. Le sol d'un rouge ardent accentue l'atmosphère de passion latente ; nuages et éclairs, très stylisés mais aussi très présents, figurent — métaphore classique — l'amant et la bien-aimée ; les formes et les couleurs des arbres qui entourent les personnages appartiennent plus au royaume de la poésie et de l'imaginaire qu'à celui du réel ; le peintre ne cherche pas à les représenter tels qu'ils sont mais, dans un souci esthétique et, pourrait-on dire, expressionniste, les projette en avant, les repousse en arrière, les agrandit ou les rapetisse, avec une totale liberté.

UN ACCUEIL TROMPEUR

Peinture extraite d'un ensemble illustrant la *Rasamanjari*.
Gouache sur papier.
Pahari, 3e quart du XVIIe siècle ; d'un atelier de Basohli.
Au dos, poème sanskrit ; sur le bord supérieur, la légende définit l'héroïne : « La courtisane dont l'amant est parti en voyage. »
Dogra Art Gallery, Jammu ; n° 326.

L'amour d'une courtisane est évidemment différent de celui des autres types de nayika ; il n'est pas dépourvu de passion, mais comporte un élément d'insincérité, car le véritable amour d'une courtisane est en vérité l'argent. L'amant régulier de cette nayika est parti en voyage, mais elle sait son retour imminent et fait ses petits préparatifs en conséquence :

> « La courtisane s'assoit au seuil de sa maison et s'applique des piments verts sur les yeux afin de se faire pleurer ; elle espère que son amant sera ému lorsqu'il reviendra de son lointain voyage de la voir ainsi affligée par la séparation. A coup sûr de riches cadeaux suivront. »

Les sentiments de la nayika sont mêlés : ce n'est pas qu'elle ne se réjouisse pas du retour de l'amant, mais elle souhaite aussi en profiter. Les préparatifs d'accueil sont multiples : la ruse du piment mise à part, la chambre est agréablement décorée, le lit élégamment fait et garni d'une guirlande de bienvenue. Les rideaux, que l'on a relevés, ont un drapé soigné et tout revêt un air d'attente. La courtisane quitte la chambre et va s'asseoir au seuil de la maison afin de rendre manifestes à son amant son impatience et son espoir. N'était le détail « malhonnête » du piment qu'elle tient en évidence dans sa main droite — il est si mince qu'on pourrait le prendre pour une aiguille — le décor serait exactement celui qui conviendrait à une Vasakasajja nayika, « celle qui a préparé le lit pour le retour de l'amant ». Mais le piment définit clairement, pour nous sinon pour l'amant, les intentions de la nayika en qui nous reconnaissons une Samanya, « celle qui ne s'appartient pas et qui n'appartient pas à un autre », celle qui n'est véritablement attachée qu'aux gains qu'elle espère faire.

L'amant de retour de son lointain voyage est présent, mais il est encore à une certaine distance de la chambre : « Il est sur le point d'arriver. » L'espace qui le sépare encore de la nayika est indiqué par un arbre et par des plantes grimpantes que l'on pourrait croire placés par hasard en cet endroit de la peinture. C'est peu à peu que l'on en vient à comprendre ces artifices de construction, à mesure que l'on se familiarise avec les conventions qui constituent le vocabulaire de ce type d'œuvres.

Il faut toujours prêter la plus grande attention aux éléments qui se répètent dans chaque peinture mais avec une disposition ou des aspects différents ; c'est pour le peintre le moyen de briser la monotonie qui risquerait de s'instaurer dans un ensemble ; c'est aussi une façon d'exprimer ou de suggérer des sentiments, une atmosphère. Il faut ainsi toujours regarder si les portes sont fermées, ouvertes, à demi ouvertes, ou bien encore coupées en deux par l'avancée d'un lit ; la base des pilastres prend parfois des formes particulières qui méritent attention ; de même importe-t-il de noter s'il y a une, deux, ou trois tourelles, si elles se terminent en dômes ou en terrasses. Les objets qui garnissent la chambre ne sont pas non plus sans signification de même que les feuillages que le peintre fait si souvent intervenir. Une étude attentive de ces divers éléments contribue à nous renseigner sur l'état d'esprit, les émotions et les situations des protagonistes du petit drame qui se joue sous nos yeux.

LE REGARD INCRÉDULE

Peinture extraite d'un ensemble illustrant la *Rasamanjari.*
Gouache sur papier.
Pahari, 3e quart du XVIIe siècle.
Au dos, poème sanskrit ; sur le bord supérieur, la légende définit l'héroïne :
« Celle qui découre que l'amant l'a abusée ; du type intermédiaire. »
Dogra Art Gallery, Jammu ; n° 321.

Cette nayika, comme celle qui figure sur la page 52, est une *Vipralabdha*, celle qui découvre que l'amant l'a abusée, s'est moqué d'elle ; elle n'a ni la timidité de la nayika ingénue, ni l'assurance de celle qui a atteint la maturité. Rien ne l'a encore préparée à une telle expérience : avoir à faire à un amant qui ne tient pas ses promesses et ne se montre pas à l'heure dite au rendez-vous. Elle ne réagit pas par la panique ou l'incertitude profonde, comme l'ingénue, mais par la surprise, voire la stupéfaction, car c'est certainement la dernière des choses à quoi elle s'attendait après avoir convenu avec l'aimé de cette rencontre dans la forêt. Voici ce que dit le poète :

> « Quand la nayika aux yeux de biche, parvenue au lieu du rendez-vous, découvre que son amant ne s'y trouve pas, un soupir monte jusqu'à ses lèvres, mais elle ne le laisse pas échapper ; un mot à moitié prononcé, c'est tout ce qu'elle dit ; ses yeux se ferment à demi et elle ne peut même pas continuer à mâcher la feuille de bétel qu'elle a dans la bouche. »

L'insistance du poète : « un mot à moitié prononcé... ses yeux se ferment à demi... » signifie clairement que la nayika appartient au type intermédiaire ; sa maturité commence à se manifester, mais elle n'est pas encore affirmée. Bien que sa surprise soit totale, elle ne l'exprime pas ouvertement, la petite expérience qu'elle a déjà lui dictant de garder certaines choses pour elle. Si elle ne cède pas à la panique, à la différence de l'ingénue, c'est qu'elle se sent capable de maîtriser la situation. Ceci ne veut pas dire qu'elle ne se sent pas triste et courroucée d'avoir été plantée là ; simplement sa réaction n'est pas la même.

Chose intéressante, le peintre ne représente pas comme à l'ordinaire le lieu du rendez-vous par un lit de feuilles élégamment disposées ; il s'agit ici d'un vrai pavillon abritant une chambre à coucher, et ceci en pleine forêt, au cœur d'un bosquet, pour nous indiquer qu'il s'agit d'une rencontre secrète. La combinaison est inhabituelle et nous change de la formule du berceau de feuillage. Le geste de surprise de la nayika, la feuille de bétel qu'elle tient à la main et son attitude figée nous incitent à penser que la stupéfaction la cloue sur place. Le peintre semble vouloir aussi montrer que son désappointement est bien compréhensible : la chambre est merveilleusement accueillante, le fond rouge évoque la passion et les arbres entourant le pavillon s'inclinent légèrement comme pour le mettre à l'abri d'éventuels indiscrets. Notons que la nayika étant une Madhya et non une Navodha ses formes sont un peu plus pleines que celles de cette dernière (voir page 52), le peintre souhaitant marquer ainsi que ses quelques années de plus lui permettent de réagir avec davantage de maturité et de pondération à cette situation pénible.

LA PERFIDIE DE KAMA, LE DIEU DE L'AMOUR

Peinture extraite d'un ensemble illustrant la *Rasamanjari.*
Gouache sur papier.
Pahari, 3e quart du XVIIe siècle ; d'un atelier de Basohli.
Au dos, poème sanskrit ; sur le bord supérieur, la légende définit l'héroïne :
« L'épanouie qui découvre que son amant l'a abusée. »
Dogra Art Gallery, Jammu ; n° 322.

La situation de cette nayika qui est parvenue à la maturité n'est pas meilleure que celle de l'inexpérimentée (page 52) ou de la nayika qui a un peu d'expérience (page 134). Quand elle arrive au lieu du rendez-vous et qu'elle n'y trouve pas l'amant, elle commence évidemment à s'interroger, mais sa présence d'esprit et ses années d'expérience l'empêchent de perdre le contrôle d'elle-même et d'imaginer toutes sortes de raisons à l'absence de l'aimé. Cependant, comme sa passion est intense et qu'elle sait qu'elle ne pourra survivre aux blessures infligées par les flèches d'amour de Kama, comme elle craint aussi que Kama n'ait éloigné ou même supprimé son amant dont elle ne met pas une minute en doute les sentiments, c'est vers la prière qu'elle se tourne. Cette prière, elle ne l'adresse pas à n'importe quel dieu, mais à Shiva, « l'ennemi de Kama », celui qui, un jour de courroux, a détruit Kama par le feu jailli de son troisième œil. Ainsi parle le poète :

> « Quand elle voit que son amant n'est pas au lieu du rendez-vous, la nayika attribue cette absence à une perfidie de Kama, le dieu de l'amour ; la jeune femme aux yeux de lotus sait que ni messagère ni compagne ne lui seront du moindre secours en cette occurrence. Elle se met donc à prier Shiva (le vainqueur de Kama) en l'appelant de ses nombreux noms : "Shambhu, Shankara, Chandrashekhara, Hara, Shrikantha, Shulin", etc. et en lui demandant de lui venir en aide. »

L'héroïne « mûre » ne réagit donc à la situation ni par la colère ni par la panique ou la surprise. Elle ne taxe l'amant absent ni de mauvaises intentions ni de mollesse. Elle met la faute entièrement sur le compte du dieu de l'amour et, sûre que c'est lui qui a joué un mauvais tour à son amant et à elle-même, elle appelle à son secours Shiva ; la crainte qu'il inspire à Kama conduira peut-être celui-ci à s'amender et la situation pourra de ce fait devenir tout autre. Les noms et épithètes de Shiva qu'elle énumère dans ses prières jouent un rôle important : à Shambhu elle demande de lui donner la sérénité ; à Chandrashekhara, « celui qui porte la lune dans sa chevelure », de l'apaiser comme fait la lune lorsqu'elle répand sur le monde ses rayons rafraîchissants ; à Shulin, « le porteur du trident », de manier cette arme terrible à son profit.

Il n'y a rien de surprenant à ce que le peintre ait placé dans ce lieu écarté un petit sanctuaire de Shiva abritant l'emblème phallique car on trouve des temples dédiés à Shiva dans les endroits les plus surprenants et certainement dans des lieux retirés du type de celui que les amants ont choisi comme lieu de rendez-vous.

Détail significatif, un trident surmonte le sanctuaire, manière de le désigner comme la demeure de Shiva tout en mettant l'accent sur l'appellation de Shulin.

Suivant de près le texte de Bhanudatta, le peintre place à l'extrême droite de la peinture, séparées par un arbre de la nayika qui se tient au centre les mains jointes, deux jeunes femmes : ce sont évidemment des compagnes à qui elle aurait pu demander de lui servir d'émissaires auprès de l'amant ; cependant ce n'est pas vers elles qu'elle se tourne, mais vers Shiva. Notons aussi que la nayika est un peu plus âgée que celles que nous avons vues précédemment dans des situations similaires. Cette différence d'âge est très sensible et explique la maturité et la patience qui caractérisent ce type d'héroïne et dont le texte de la *Rasamanjari* fait état.

LA COURTISANE DÉLAISSÉE

Peinture extraite d'un ensemble illustrant la *Rasamanjari.*
Gouache sur papier.
Pahari, 3e quart du XVIIe siècle ; d'un atelier de Basohli.
Au dos, poème sanskrit ; sur le bord supérieur, la légende définit l'héroïne : « La courtisane que son amant a leurrée. »
Dogra Art Gallery, Jammu ; no 329.

Le poète ne montre pas grande sympathie pour cette sorte de nayika, car ce n'est ni une Sviya, « celle qui s'appartient », ni une Parikiya, « celle qui appartient à un autre », c'est une Samanya, une courtisane, qui, bien qu'amoureuse, attache plus d'importance aux cadeaux et à l'argent qu'aux sentiments. Dans la situation envisagée ici par le poète, la jeune femme arrive au lieu du rendez-vous et, comme les autres Vipralabdha nayika, trouve la place vide. Cela l'abasourdit et la désole mais le poète, plutôt que de s'attarder sur les sentiments qui l'envahissent, préfère méditer sur le retournement des choses :

> « D'habitude c'était elle qui abusait son cortège d'amants et de soupirants par de fausses promesses ; cette fois c'est elle qui est leurrée par celui qui, également à coup de fausses promesses, l'a entraînée jusqu'ici. Quand elle parvient au lieu du rendez-vous, même le frais bocage semble se moquer d'elle ; ses yeux ironiques, ce sont les abeilles qui butinent les fleurs dont il est rempli. »

Chose curieuse, le peintre néglige de montrer les abeilles dont le poète fait usage dans sa métaphore ; il ne met pas non plus particulièrement l'accent sur les floraisons : le bosquet est dense, coloré, composé d'arbres et d'arbustes très variés, mais il n'y a ni plantes grimpantes ni buissons fleuris. En revanche, le peintre a soin d'introduire l'amant dans un petit coin de la peinture, à l'extrême droite. On a dû remarquer que, dans des situations similaires, quand d'autres sortes de Vipralabdha nayika sont représentées, l'amant n'apparaît pas ; il est censé en effet n'avoir pu être au rendez-vous pour des raisons inexpliquées, ce qui entraîne les nayika dans toutes sortes de doutes et de spéculations. Le peintre souhaite ici nous montrer que l'amant est absent non parce qu'il a été retenu ailleurs, mais parce qu'il n'a jamais eu l'intention d'être là. Toutes les promesses qu'il a faites à la courtisane étaient fausses ; il ne voulait que prendre sa revanche sur une perfide en lui rendant la pareille.

Il est possible que le « commentaire » que fait silencieusement le bosquet sur la situation fâcheuse de la nayika soit suggéré par la présence des deux cyprès à l'arrière-plan, à l'extrémité du bosquet ; leurs pointes, qui émergent au-dessus des frondaisons, peuvent évoquer deux personnes en grande conversation. Mais ce n'est qu'une hypothèse ; en revanche il est à peu près certain que les deux arbres isolés à gauche, l'un en haut, l'autre en bas, symbolisent les amants, si évidemment distants l'un de l'autre.

SOMBRE ATTENTE

Peinture extraite d'un ensemble illustrant la *Rasamanjari*.
Gouache sur papier.
Pahari, 3e quart du XVIIe siècle ; d'un atelier de Basohli.
Au dos, poème sanskrit ; sur le bord supérieur, la légende définit l'héroïne : « La courtisane en proie aux affres de l'attente. »
Dogra Art Gallery, Jammu ; n° 363.

Cette nayika est aussi une Utka, « brûlant de désir pour l'amant qu'elle attend impatiemment ». Mais elle se distingue des autres Utka en ce que, si son impatience est véritable, son amour est entaché d'impureté ; le goût du lucre s'y mêle puisqu'elle est une Samanya, une courtisane. L'amant n'étant pas venu au rendez-vous, la désolation et le doute l'envahissent. Elle s'assoit à l'entrée de la maison, espérant ainsi apercevoir plus tôt son amant si jamais il se décide à venir. Mais comme il n'apparaît pas, l'humeur est au découragement :

> « La nayika se torture l'esprit pour trouver les raisons qui ont empêché l'amant de rejoindre le bosquet qu'ils avaient choisi pour lieu de rendez-vous ; perplexe et privée des cadeaux qu'il lui aurait peut-être apportés, elle verse des torrents de larmes. »

La désapprobation du poète devant ce type de nayika transparaît à travers cette courte strophe. Les pleurs qu'elle verse, nous dit-il clairement, ne sont pas tant causés par la souffrance due à la séparation que par la tristesse de ne pas recevoir l'argent et les cadeaux qu'elle escomptait. Le peintre, à la différence du poète, voit cela comme une situation relativement classique d'amour dans la séparation et réalise une œuvre pleine de sensibilité. Aucun des éléments de la peinture ne permet de reconnaître dans la nayika une Samanya, une femme qui cherche à tirer profit de son amour, si bien qu'on peut très bien la considérer simplement comme une nayika qui se languit de son amant et l'attend impatiemment dans l'antichambre de la maison. Son air imperceptiblement triste, les larmes que l'on croit voir rouler sur son visage, sa tête légèrement penchée, tout cela est éloquent. Le fait qu'elle ne se tient pas dans la chambre nous suggère qu'elle est revenue dans la maison après avoir attendu très longtemps au lieu du rendez-vous, qui est certainement le bosquet situé à quelque distance sur la gauche. Peut-être nourrit-elle l'espoir que son amant ait été retardé et que, ne la trouvant plus à l'endroit convenu, il prenne le chemin de la maison.

Ici, comme dans toutes les autres peintures de cette série, le peintre se donne toute liberté de disposer à sa guise les divers éléments de la composition. Il réussit ainsi, par l'espace qu'il ménage entre le bouquet d'arbres à l'extrême gauche et la demeure de la nayika à droite ainsi que par les quelques courbes qu'il dessine sur le sol, à suggérer la distance d'une manière qui, une fois assimilées les conventions picturales propres à ce style, est aisément déchiffrable et parfaitement convaincante.

ATTENTE JOYEUSE

Peinture extraite d'un ensemble illustrant la *Rasamanjari*.
Gouache sur papier.
Pahari, 3e quart du XVIIe siècle, d'un atelier de Basohli.
Au dos, poème sanskrit ; sur le bord supérieur, la légende définit l'héroïne : « La fougueuse ingénue qui attend l'aimé et s'est parée pour sa venue. »
Dogra Art Gallery, Jammu ; no 379.

Une des grandes favorites du poète et du peintre est la Vasakasajja, la nayika qui se prépare et prépare tout autour d'elle pour accueillir l'aimé : avec l'aide de ses sakhi elle se pare avec soin, dispose ici et là des objets agréables à l'œil ou des douceurs, décore la maison, prépare élégamment le lit d'amour et l'embellit de fleurs et de guirlandes, etc. Elle connaît le jour et même le moment de la venue de l'amant et son excitation monte à mesure que cet instant approche. La nayika que nous voyons ici appartient bien à cette catégorie, mais c'est aussi une Mugdha, c'est-à-dire une ingénue qui a peine à contenir son excitation :

> « La charmante nayika, nouvelle épousée, sourit doucement tout en suivant ardemment le va-et-vient de ses suivantes qui préparent la chambre de telle manière que soient comblés tous les désirs des amants passionnés. Tandis que l'une d'entre elle s'active à confectionner un collier dont les perles brillent comme des étoiles, une autre fabrique une ceinture qui s'enroulera telle une plante autour de la taille, une autre encore allume une lampe, mais en ayant soin de n'y mettre que peu d'huile. »

Le long cordon de « perles » (nous verrons plus loin ce que sont ces perles) que confectionne la nayika est le seul préparatif en cours que nous montre le peintre. Tout le reste semble avoir déjà été fait : des guirlandes décorent le lit, un collier de perles repose sur le tapis à fleurs ; une guirlande de fleurs odorantes, ondoyante comme le désir qui monte dans le cœur de la nayika, est disposée sur le sol ; des fruits et des rafraîchissements sont placés dans des récipients appropriés ; la lampe est allumée et garnie d'une « petite quantité d'huile ». Selon un important commentateur de la *Rasamanjari*, cette petite quantité correspond au fait que la nayika est une « ingénue ». Si la lampe devait brûler toute la nuit, sa pudeur lui interdirait de s'abandonner totalement à la passion ; la faible quantité d'huile a donc sa raison d'être : la lampe va s'éteindre vite, donnant ainsi à la nayika la faculté de profiter de l'obscurité de la nuit pour se laisser aller en toute liberté. Autre détail indiquant que la nayika est une ingénue dans le texte du poète : quand elle voit ses compagnes préparer la chambre avec tant de soin, elle sourit timidement et détourne le visage de crainte que ce sourire, si elles le surprenaient, ne dise à ses compagnes son excitation, qu'elle contient déjà à grand-peine. Dans la peinture, nous n'avons pas droit au timide sourire et au visage détourné car les compagnes ne sont pas présentes ; le peintre a préféré se concentrer sur la nayika elle-même en train de se préparer pour la venue de l'amant ; elle est assise sur le sol, les mains occupées à la fabrication d'une ceinture, mais les yeux fixés sur la porte par laquelle l'aimé va bientôt entrer.

Il y a de l'excitation dans l'air, mais il y a plus que cela, une atmosphère de célébration, et le peintre sait la rendre sensible. Rien ne lui échappe de ce qui fait la beauté du moment, ni de ce qui est dans l'esprit de la nayika. Il va même, à sa manière, au-delà de la description du poète en substituant aux perles de la ceinture que confectionne l'héroïne des clochettes qui ne manqueront pas de tinter quand les amants seront réunis et entreprendront de « se concilier les faveurs de Kama, le dieu de l'amour ».

ELLE DISSIMULE SON EXCITATION

Peinture extraite d'un ensemble illustrant la *Rasamanjari*.
Gouache sur papier.
Pahari, 3e quart du XVIIe siècle ; d'un atelier de Basohli.
Au dos, poème sanskrit ; sur le bord supérieur, la légende définit l'héroïne :
« Celle qui attend son amant et s'est préparée pour sa venue ; du type intermédiaire. »
Dogra Art Gallery, Jammu ; n° 387.

La Madhya, c'est-à-dire la nayika qui commence à avoir une certaine expérience, se distingue de « l'ingénue » et de « l'épanouie » par le fait qu'en elle pudeur et élan passionné s'équilibrent exactement. Elle est incapable de dissimuler complètement son ardeur amoureuse et cependant elle s'efforce désespérément d'y parvenir. Si elle est une Vasakasajja, c'est-à-dire une nayika qui attend son amant et s'est préparée pour sa venue, il lui faut faire des efforts tout particuliers sous peine de subir les railleries de ses sakhi. Cette Madhya nayika a donc recours à quelques ruses quand approche la venue de l'aimé. Le lit est parfaitement préparé et les guirlandes qui le décorent sont signes à la fois de bienvenue et de passion. Sur les patères du mur du fond sont suspendues des guirlandes et des parures qui donnent à la pièce un air de fête. Mais la présence des sakhi empêche la jeune femme de laisser libre cours à sa joie :

« Sous le prétexte de faire apprécier aux sakhi ses talents, la nayika confectionne des guirlandes avec des fleurs de *kalhara* de telle sorte qu'elles ressemblent à des colliers de perles. Soucieuse de ne pas perdre de vue la porte principale (par laquelle l'amant doit entrer), elle la fixe constamment du regard en faisant semblant d'admirer ses motifs décoratifs. Elle met ses sakhi au défit de l'égaler en élégance ce qui lui permet d'arborer ses bijoux les plus beaux et ses parures les plus nouvelles. Toutes ces petites ruses font sourire Kama lui-même, le dieu de l'amour. »

Le peintre ne peut pas tout représenter ; comment montrer, par exemple, une guirlande de fleurs de kalhara qui ressemblerait à un collier de perles, ou comment faire apparaître l'amical concours de parures ? Mais les bijoux, les guirlandes, le lit bien préparé lui servent à traduire la gaieté qui règne dans la pièce tandis que, par la lampe à huile et la bande de ciel noir au-dessus de l'entrée, il met l'accent sur l'heure nocturne. Enchanté de pouvoir reprendre l'idée des motifs décoratifs de la porte développée par le poète, il la transpose légèrement en embellissant le portique d'entrée. Pour bien mettre en relief le décor, il choisit un fond blanc et rehausse de rouge les motifs floraux tout en rejetant le mur intérieur entourant la porte dans une ombre gris-bleu. C'est la contemplation de cette porte et de son portique décoré — qu'elle désigne de la main — qui sert à la nayika de prétexte pour guetter l'arrivée de l'aimé. La sakhi se distingue de la nayika en ce qu'elle a le dos tourné à la porte et regarde la nayika dont elle semble admirer les vêtements et la parure. Les siens, pour riches qu'ils soient, n'égalent pas en somptuosité ceux de l'héroïne.

Au sein de cet ensemble de peintures d'une unité de style remarquable, cette œuvre appartient à un petit groupe qui se distingue par la délicatesse exceptionnelle du travail et par le jeu riche et subtil des couleurs, toutes qualités traduisant une très grande maîtrise.

SON REGARD NE LA QUITTE PAS

Peinture extraite d'un ensemble illustrant la *Rasamanjari.*
Gouache sur papier.
Pahari, 3e quart du XVIIe siècle ; d'un atelier de Basohli.
Au dos, poème sanskrit ; sur le bord supérieur, la légende définit l'héroïne :
« Celle dont l'amant est entièrement à sa dévotion ; du type Parakiya. »
Dogra Art Gallery, Jammu ; n° 378.

Une distinction bien nette est faite ici entre les nayika qui « s'appartiennent » (Svakiya) et celles qui « appartiennent à un autre » (Parakiya). La nayika représentée ici entre dans la deuxième catégorie ; elle est mariée, mais c'est d'un homme qui n'est pas son époux qu'elle est amoureuse et c'est lui qu'elle décrit longuement à sa compagne en s'émerveillant de la dévotion qu'il a pour elle. Lorsqu'on dit qu'elle « appartient à un autre », il ne s'agit pas de l'appartenance de droit au mari, mais de l'appartenance de cœur à l'amant fidèle. En fait, en même temps qu'elle se félicite de ce que son amant lui soit entièrement dévoué, la nayika se moque des autres femmes qui sont apparemment des épouses heureuses mais dont, selon elle, les maris pourraient bien n'être pas aussi profondément attachés que l'est son amant. Voici ce qu'elle dit à sa compagne :

« Ô sakhi, il y a des Sviya nayika, des femmes mariées et fidèles, dans toutes les autres maisons et on entend tout au long du jour le doux tintement de leurs pendants d'oreille, de leurs ceintures et de leurs bracelets. Mais moi, je ne sais pas comment, le regard de mon amant ne me quitte pas ; il me poursuit partout où je vais, dans la forêt, sur les chemins, dans ma maison ou auprès de mes amies. »

Quand la nayika évoque le tintement des bijoux portés par les autres femmes, elle veut peut-être dire que l'or suffit à satisfaire les aspirations de ces simples et fidèles épouses. Mais pour elle seul importe l'amour-passion. On ne nous dit pas ce qui attache l'amant à l'aimée, mais on peut supposer toutes sortes de qualités chez l'un et chez l'autre. Comme il convient lorsqu'il s'agit d'une Svadhinapatika nayika, l'amant est tout près ; de fait son regard ne peut se détacher du « visage de lune » de sa bien-aimée. La compagne de la nayika écoute tranquillement les commentaires extasiés de la jeune femme sur la dévotion que son amant a pour elle et semble participer à sa joie.

Tandis que ces trois personnages occupent un pavillon situé au cœur d'un superbe bosquet, les « autres femmes » conversent dans une chambre, à l'étage supérieur d'une maison avoisinante. Il est intéressant d'étudier la manière dont le peintre joue avec la distance qui sépare le groupe formé par l'amant, la nayika et sa compagne de celles qui ne participent qu'indirectement à la situation. Bien que le pavillon de la *nayika* soit placé un peu en retrait par rapport à la maison située à gauche, les femmes qui sont réunies à l'étage supérieur de cette maison sont représentées à une échelle beaucoup plus réduite que les trois personnages du pavillon. C'est ainsi que le peintre indique la moindre importance de cette petite assemblée de femmes tout en maintenant leur présence puisqu'elles tiennent une grande place dans la conversation qu'a la nayika avec la sakhi. Notons aussi, une fois encore, le contraste entre le rouge « passionné » du mur de la chambre de la nayika et le jaune de celui de la pièce où se tiennent les femmes, et ne négligeons pas le fait que c'est le pavillon de droite qui est entouré d'arbres dont les floraisons semblent s'épanouir en harmonie avec l'humeur radieuse de la nayika.

SUR LE CHAR DU DÉSIR

Peinture extraite d'un ensemble illustrant la *Rasamanjari*.
Gouache sur papier.
Pahari, 3e quart du XVIIe siècle ; d'un atelier de Basohli.
Au dos, poème sanskrit ; sur le bord supérieur, la légende définit l'héroïne :
« Celle qui s'en va retrouver son amant ; du type Pragalbha. »
Dogra Art Gallery, Jammu ; n° 377.

Braver tous les obstacles pour retrouver l'aimé, voilà ce que fait une Abhisarika. Comme dans d'autres cas rencontrés auparavant, le ciel est lourd de nuages et on voit les gouttes de pluie tomber en averse serrée comme des perles qui s'échapperaient d'un trésor inépuisable. La nayika ne s'est pas encore mise en route, mais puisqu'elle l'a fait jusqu'à présent nuit après nuit — ses compagnes peuvent en témoigner — il n'y a pas de raison pour qu'elle ne le fasse pas encore en ce soir d'orage. Dans le texte du poète, ce n'est pas elle qui s'adresse à son amant ou à une sakhi, ce sont ses compagnes qui s'étonnent de son obstination et de son courage. La nayika est auprès d'elles et ne fait qu'écouter :

« Je te le demande, comment notre amie peut-elle se lancer ainsi sur les routes nuit après nuit ? Ses beaux seins lourds pèsent sur sa marche et ses pieds sont tendres comme des pousses neuves ; il faut bien qu'elle soit portée par le char du désir, autrement ses propres forces n'y suffiraient pas. »

Les sakhi ont donc pour sujet de conversation la force de la passion de la nayika. Elles font l'éloge à la fois de sa beauté et de sa ténacité de caractère. La référence au char s'explique par le fait que c'est le mode de locomotion normal pour une dame de haute naissance. Mais cette nayika doit faire route la nuit, en cachette ; elle n'a nulle envie que tout le monde soit au courant de ses expéditions ; le seul char qu'elle peut donc utiliser, c'est le char du désir. Cette figure poétique en évoque une autre, très voisine, celle des « pensées amoureuses qui volent sur les ailes du désir ».

Dans cette peinture, la nayika se distingue de ses compagnes par le fait qu'elle se tient à quelque distance et les écoute tranquillement. Comme il convient, le seul gros coussin qui se trouve dans la pièce est placé derrière elle, ce qui correspond à son rang social supérieur à celui des deux autres femmes. Etant une Praudha, c'est-à-dire une femme « épanouie », son corps et son visage sont plus pleins que ceux de ses compagnes. Cela répond aussi à la description du poète : « Ses beaux seins lourds pèsent sur sa marche. » Le châle couleur or qui entoure sa jupe rose et mauve ne suffit pas à masquer l'arrondi de ses hanches, autre signe de beauté selon la tradition. Notons que nous ne pouvons reconnaître en cette nayika une Abhisarika que grâce à la strophe inscrite au dos de la peinture ; en effet les nuages et la pluie ne suffiraient pas à la définir de façon absolue. Mais cette relation nécessaire au texte poétique n'a rien pour nous surprendre dans le contexte de l'art indien.

TOUTE ROUTE EST BONNE POUR REJOINDRE L'AIMÉ

Peinture extraite d'un ensemble illustrant la *Rasamanjari.*
Gouache sur papier.
Pahari, 3e quart du XVIIe siècle ; d'un atelier de Basohli.
Au dos, poème sanskrit ; sur le bord supérieur, la légende définit l'héroïne :
« Celle qui se met en chemin pour rejoindre l'amant ; du type Parakiya. »
Dogra Art Gallery, Jammu ; no 333.

Le fait que cette nayika soit une Parakiya, c'est-à-dire qu'elle appartienne à un autre et donc que son amour soit illégitime au regard de la morale conventionnelle, ajoute encore une difficulté à celles qui compliquent la route de l'Abhisarika. Elle se met en chemin par une nuit pluvieuse et sombre pour retrouver l'amant qui l'attend non dans le confort et la sécurité de sa chambre mais au cœur d'une forêt sauvage. Alors qu'elle a déjà fait quelques pas à l'extérieur de la maison, une de ses compagnes se hasarde aussi au-dehors dans l'espoir, semble-t-il, de la dissuader de se lancer dans une expédition aussi périlleuse. Mais la nayika est comme possédée et rien ne pourrait lui faire rebrousser chemin. Sans interrompre sa marche, elle s'adresse à son amie :

> « Ô sakhi ! pour celles que leur ardeur conduit à partir rejoindre leur bien-aimé, les nuages sont comme le soleil, la nuit comme le jour, l'obscurité comme la lumière, la forêt comme leur propre demeure et la savane comme un jardin aux allées bien tracées. »

L'auteur de cette œuvre superbe n'hésite pas à aménager à son gré les divers éléments de la composition. Il joue en toute liberté avec la taille et la disposition des arbres aux vives couleurs qui composent la forêt ; tel un magicien, il fait aussi tomber la pluie seulement là où cela lui convient. On voit la chute des gouttes s'interrompre là où se trouve la nayika, exactement au milieu de la peinture, pour reprendre dans le haut à gauche, mais sans aller au-dessous des feuillages ; la pluie ne mouille pas le sol et n'endommage en rien le lit de feuilles soigneusement disposées sur lequel l'amant, le regard ardent, attend patiemment sa bien-aimée. Montrer la nayika se mettant en route sous l'averse est une chose ; montrer l'amant attendant sans bouger sous la pluie en serait une autre, voilà ce que semble vouloir dire le peintre.

Le mouvement de la nayika se mettant en chemin et tournant la tête un instant pour adresser une remarque à la sakhi est admirable. En lui faisant relever le bas de sa jupe pour l'empêcher de se mouiller en traînant sur le sol, le peintre saisit l'occasion de nous faire entrevoir les jambes de la jeune femme ; cela lui permet aussi de rendre plus sensible l'impression de mouvement par le jeu des courbes de la jupe qu'il a soin de border d'un liseré d'or.

LA LUNE BRILLE SUR LE CHEMIN DE L'AMOUR

Peinture extraite d'un ensemble illustrant la *Rasamanjari.*
Gouache sur papier.
Pahari, 3e quart du XVIIe siècle ; d'un atelier de Basohli.
Au dos, poème sanskrit ; sur le bord supérieur, la légende définit l'héroïne : « Celle qui va rejoindre son amant par une nuit de pleine lune. »
Dogra Art Gallery, Jammu ; n° 343.

En contraste avec le mode de présentation habituel de l'Abhisarika nayika que l'on voit en général affronter une sombre nuit d'orage, le poète envoie cette fois l'héroïne rejoindre son amant par une lumineuse nuit de pleine lune. Il lui faut encore du courage pour défier les conventions et passer outre aux avis des anciens de la famille, mais elle rencontre malgré tout moins d'obstacles que n'en rencontre d'ordinaire ce type d'héroïnes dans la peinture indienne. La lumière de ce clair de lune inspire au poète une suite de variations :

> « Après avoir enduit son corps de frais santal, la nayika se met en route ; son sourire brille sous la lune et même Kama, le dieu de l'amour, choisit les flèches avec lesquelles il va lui percer le cœur ; il prend des tiges de jasmin. »

La référence à la pâte de santal dont la nayika s'enduit le corps n'est pas sans signification : non seulement cette pâte est odorante et sert donc d'auxiliaire à la passion, mais aussi elle atténue la luminosité du corps de la nayika sous les rayons de la pleine lune. Or c'est évidemment une des principales préoccupations de l'héroïne lorsqu'elle part rejoindre son amant que d'être vue le moins possible. Le thème de la blancheur ou de l'éclat est repris par le poète lorsqu'il évoque le sourire de la jeune femme dont les rayons de lune font briller les dents de perle. Il semble enfin que Kama soit soucieux de ne pas rompre l'harmonie lorsqu'il choisit ses flèches puisque les fleurs de jasmin qui lui servent de traits s'inscrivent dans la gamme des blancs de cette douce nuit.

Le poète semble aussi suggérer que la nayika est habillée de blanc, mais le peintre fait un choix différent : il donne à ses vêtements élégants et fluides une couleur d'or pâle qui lui paraît probablement bien s'accorder avec l'a-plat coquille d'œuf qui couvre la majeure partie du sol. On voit combien il a raison lorsqu'on constate que le blanc du dhoti que porte Kama ne ressort pas aussi agréablement sur le sol presque incolore que le jaune très doux des habits de la nayika.

La présence de l'amant, qui occupe un coin obscur sur la gauche, nous rappelle que l'on est en situation d'abhisara. La pleine lune figure dans le ciel plus comme un symbole que comme une réalité. Pour trancher avec le fond uni qui occupe les deux tiers de la peinture, le peintre place à gauche toute une variété d'arbres dans des tons de rouge et de vert sombres et à droite une demeure richement décorée dont les murs extérieurs occupent une place importante et attirent le regard par leur décor floral bleu mauve se détachant sur un fond nacré.

D'UN CŒUR FRÉMISSANT

Peinture extraite d'un ensemble illustrant la *Rasamanjari.*
Gouache sur papier.
Pahari, 3e quart du XVIIe siècle ; d'un atelier de Basohli.
Au dos, poème sanskrit ; sur le bord supérieur, la légende définit l'héroïne : « La courtisane qui part rejoindre son amant. »
Dogra Art Gallery, Jammu ; n° 358.

Etant une nayika du type Samanya, c'est-à-dire une courtisane, cette jeune femme ne s'inquiète pas autant que les autres de ce qu'on puisse la voir gagner le lieu de rendez-vous où l'attend son amant. Il y a de l'allégresse dans sa démarche et le poète se complaît visiblement à évoquer son beau corps en mouvement :

« La casaque brillante qu'elle porte sur son corsage ondoie sous la brise tandis qu'elle s'avance d'un pas vif ; la ceinture qui entoure sa jolie taille tinte doucement ; le poids et le mouvement de sa poitrine ronde ont fait se desserrer le nœud de son corsage si bien que ses seins se déportent au rythme de sa marche ; ses parures d'or dansent et se balancent comme si elles étaient torturées d'impatience ; ses membres délicats projettent leur doux éclat tout alentour tandis qu'elle va son chemin de sa démarche souple et allègre. Heureux en vérité celui qui attend dans le bosquet cette belle nayika. »

Pour une fois le poète s'abstient de faire des commentaires acerbes sur l'amour de cette nayika pour l'argent et les bijoux ; le peintre, en revanche, insiste sur cet aspect des choses puisqu'il place en évidence sur le lit de feuillage, devant l'amant en faction, divers bijoux et parures soigneusement disposés comme s'ils étaient des appâts destinés à attirer la nayika. Le poète ne fait rien apparaître de tout cela dans sa strophe, mais le peintre a exactement compris ce qu'impliquait la situation et cette nayika étant en général caractérisée par son amour de l'or et des bijoux, il lui a paru approprié d'y faire référence.

Alors que d'habitude les Abhisarika nayika se mettent en route la nuit, souvent par temps orageux, pour rencontrer leur amant dans un lieu retiré, la scène se situe ici en pleine lumière du jour : le sol est d'un jaune éclatant et le ciel ne montre que les traces de nuages qu'il sied de faire apparaître dans toute peinture. La raison en est — et là le peintre rejoint le poète — que la courtisane n'éprouve aucun sentiment de honte ou de timidité à aller rejoindre son amant au vu et au su de tous.

QUAND L'AIMÉ S'APPRÊTE À PARTIR

Peinture extraite d'un ensemble illustrant la *Rasamanjari.*
Gouache sur papier.
Pahari, 3e, quart du XVIIe siècle ; d'un atelier de Basohli.
Au dos, poème sanskrit ; sur le bord supérieur, la légende définit l'héroïne :
« L'ingénue dont l'amant s'apprête à partir. »
Dogra Art Gallery, Jammu ; n° 343.

Aux huit catégories que comporte d'ordinaire la classification souvent employée des nayika d'après leur situation amoureuse, l'auteur de la *Rasamanjari* en ajoute une neuvième : « Celle dont le mari ou l'amant s'apprête à partir en voyage. » La situation est évidemment fort différente de celle où le mari ou l'amant se trouve déjà en pays lointain car, pour malheureuse que soit cette dernière situation, elle comporte un élément d'espoir, celui du retour. Ici, dans le cas de la Pravatsyapatika nayika, le héros vient juste d'annoncer son intention de partir. A cette nouvelle triste et déprimante, les nayika réagissent de diverses façons.

La nayika dont il s'agit ici est une « ingénue » ; pétrifiée, elle entend comme dans un brouillard les paroles de l'amant expliquant qu'il s'en va pour quelque temps. Elle est si bouleversée à la pensée de ce départ et la douleur de la séparation lui paraît déjà si tangible que c'est à peine si elle réplique ou proteste. C'est sa compagne et confidente qui agit sans perdre une minute :

> « Quand son mari entreprend de lui dire qu'il est obligé de partir, la jeune nayika à la taille élégante baisse la tête, saisie d'un chagrin inexprimable. Dans le silence qui s'ensuit, sa sakhi se glisse au-dehors et, au milieu des arbres et des buissons fleuris qui jouxtent la maison, lance quelques notes douces imitant le chant du coucou à la saison des amours. »

L'air est lourd du silence de la nayika. Si elle avait eu plus d'expérience de l'amour, semble dire le poète, elle aurait poussé des cris de protestation, eu un accès de colère ou avancé une masse de raisons montrant que ce moment de l'année était le moins approprié pour entreprendre un voyage. La compagne de la nayika, elle, montre une certaine présence d'esprit. N'étant pas en droit d'intervenir en paroles dans cet échange entre mari et femme, elle souhaite tout de même attirer par force l'attention de l'époux sur le fait qu'on est au printemps, donc dans la saison la moins opportune pour laisser sa femme derrière soi. L'appel du coucou qu'elle lance n'est donc pas fait pour tromper l'époux mais pour lui rappeler la venue de la saison des amours.

Dans l'interprétation de la scène par le peintre, la jeune et fine nayika, le corps ramassé sur lui-même et la tête penchée en avant, semble bel et bien sans voix. Son état d'âme apparaît à l'évidence de même qu'éclate au regard la venue du printemps évoquée par les buissons fleuris et les bouquets d'arbres aux riches couleurs. Les floraisons orange et or qui envahissent la presque totalité du sous-bois ainsi que les feuilles des manguiers qui commencent à changer de ton sont pleines de signification. Significative aussi est la tête de monstre à l'extrémité du socle de la chambre ; elle préfigure la douleur de la séparation à venir.

QUELS PÉCHÉS N'AI-JE PAS COMMIS POUR TOI ?

Peinture extraite d'un ensemble illustrant la *Rasamanjari*.
Gouache sur papier.
Pahari, 3ᵉ quart du XVIIᵉ siècle ; d'un atelier de Basohli.
Au dos, poème sanskrit ; sur le bord supérieur, la légende définit l'héroïne :
« Celle dont l'amant s'apprête à partir ; du type Parakiya. »
Dogra Art Gallery, Jammu ; nᵒ 364.

Cette nayika, bravant les conventions, a tout donné d'elle-même à l'amant. Bien qu'étant mariée à un autre, c'est lui qui a toujours été l'objet de son amour. Aussi est-elle saisie de consternation et d'amertume quand il lui annonce son intention de partir en voyage. A la différence de l'ingénue, ses protestations et ses reproches sont éloquents. Voici ce qu'elle dit à l'aimé :

> « Que n'ai-je pas fait, quels péchés n'ai-je pas commis pour toi ? J'ai foulé aux pieds la tête des serpents, négligé les remontrances de mes aînés, abandonné toute pudeur et toute retenue. Et maintenant que tu t'apprêtes à partir, je vais brûler au feu de la séparation. Mais peut-être est-il juste qu'il en soit ainsi car chacun de mes membres, chacune des parties de mon corps, mérite de souffrir les tortures de l'enfer pour avoir péché. Mes yeux, pour t'avoir sans cesse regardé, méritent l'enfer que l'on appelle *Raurava* et mon cœur celui que l'on appelle *Kumbhipaka*. »

Dans cette peinture, l'amant prend déjà le chemin du départ au moment où la nayika prononce ces paroles de colère et d'amertume qui constituent à la fois des reproches et une auto-accusation ; l'artiste nous offre en deux tableaux une brève vision des deux choses auxquelles elle se réfère explicitement : un serpent semblable à ceux qu'elle a si souvent foulés aux pieds, et les aînés de la famille dont elle a ignoré les ordres et les avertissements, possédée qu'elle était par son amour. Les propos de la nayika laissent aussi apparaître un examen de conscience et un sentiment de culpabilité. Sachant qu'à son amour pour l'amant a correspondu une transgression des règles morales (puisqu'elle appartient à un autre), sa colère semble dirigée autant contre elle-même que contre l'amant qui vient d'annoncer son intention de partir : il y a un accent de vérité dans l'évocation des péchés qu'elle a commis. Le fait qu'elle nomme les différentes sortes d'enfers est significatif, car ceux qu'elle cite sont parmi les plus redoutés des enfers mentionnés dans les mythes indiens.

Les parents ou les aînés ont, comme on pouvait s'y attendre, une expression soucieuse qui correspond au mécontentement qu'ils éprouvent devant la conduite de la nayika. On peut imaginer cependant que c'est leur « mécontentement passé » qui apparaît ici et non leur réaction présente à ce tout nouveau changement de situation. Le peintre glisse du passé au présent dans la moitié gauche de la peinture. Il va jusqu'à dresser déjà une barrière entre l'amant et la nayika sous la forme d'un petit bouquet d'arbres. Le sentiment de tristesse, de souffrance naissante est symbolisé par la base du pavillon à l'extrémité de laquelle une tête de monstre commence à prendre forme.

ENTRE COLÈRE ET DOUCEUR

Peinture extraite d'un ensemble illustrant la *Rasamanjari*.
Gouache sur papier.
Pahari, 3e quart du XVIIe siècle ; d'un atelier de Basohli.
Au dos, poème sanskrit ; sur le bord supérieur, la légende définit l'héroïne : « Du type intermédiaire (quant aux dispositions naturelles). »
Dogra Art Gallery, Jammu ; nº 374.

Dans la *Rasamanjari*, comme dans beaucoup d'autres œuvres traitant de la classification des nayika, la classification en huit catégories d'après la situation amoureuse est suivie par une autre sorte de classification qui se fait cette fois d'après les dispositions naturelles des nayika. Ces dispositions peuvent être « supérieures », « moyennes » ou « inférieures ». Alors que les actions et réactions de l'Uttama, la nayika aux dispositions supérieures, sont toujours parfaites, celles de la Madhyama, la nayika aux dispositions moyennes (celle dont il s'agit ici), sont mêlées. Elle peut être généreuse et douce à l'extrême, mais aussi courroucée et arrogante quand, de son point de vue, la situation l'exige. Ses réactions sont changeantes et correspondent aux contradictions de son caractère. Voici ce que dit le poète :

> « Quand l'amant coupable s'approche d'elle et touche légèrement son corsage, la nayika aux jolis yeux détourne la tête, puis lui lance des regards courroucés, ardents comme les flèches rougies au feu du dieu de l'amour en colère. Mais dès qu'il a réussi à la calmer par des caresses et de tendres paroles, elle fond et s'offre à lui avec de doux sourires et des mots de miel comme si l'amour qu'elle lui donnait était une plante ne demandant qu'à s'enrouler autour de lui et pliant sous le poids des fleurs les plus suaves. »

La tâche du peintre est plus ardue que celle du poète : à moins de montrer les amants dans deux situations différentes, il semble qu'il lui soit presque impossible de faire apparaître le changement d'humeur de la nayika. Il y réussit cependant sans avoir recours à cette solution. La culpabilité de l'amant est manifeste : son manteau découvre effrontément un torse à moitié nu sur lequel on est en droit de penser que la nayika n'a pas été longue à repérer des traces révélatrices de ses écarts de conduite. La colère de la nayika est évidente aussi dans le mouvement de sa tête, violemment détournée. Cependant, au lieu de s'en aller, en un geste plein d'élan elle pose une main sur le bras de son amant tandis que de l'autre elle lui effleure la taille. On a même le sentiment que son regard, loin de traduire une colère inexpiable, est plein d'un amour qui ne manquera pas de se révéler au moment où l'amant décidera de réparer sa faute et trouvera les mots et les gestes qui conviennent pour apaiser sa bien-aimée.

Les deux personnages se tiennent dans une chambre située sur la gauche. Le rouge écarlate du manteau de l'amant et celui un peu plus clair du gros coussin posé sur le sol sont révélateurs et font forte impression, mais la richesse et l'intensité de ces rouges n'existent pas en comparaison de celles de l'a-plat rouge feu qui occupe la totalité de l'espace en dehors de la chambre. Notons que, dans cette peinture, le peintre fait porter au héros, qui sinon revêt tous les traits de Krishna, un turban au lieu de l'habituelle couronne à cinq pointes, insigne de sa condition divine. Les considérations qui l'ont conduit à ce changement restent quelque peu obscures, mais par le biais de ce détail un certain lien semble s'établir entre ce « premier » ensemble et celui de Devidasa de Nurpur qui lui est un peu postérieur.

UN CONSEIL D'AMIE

Peinture extraite d'un ensemble illustrant la *Rasamanjari*.
Gouache sur papier.
Pahari, 3e quart du XVIIe siècle ; d'un atelier de Basohli.
Au dos, poème sanskrit ; sur le bord supérieur, la légende définit la situation : « Conseil donné par une sakhi. »
Dogra Art Gallery, Jammu ; nº 371.

Vers la fin de la *Rasamanjari*, le poète Bhanudatta abandonne le thème qu'il affectionne et qu'il a si subtilement exploité de la classification des nayika pour aborder d'autres situations dans lesquelles les compagnes, ou sakhi, jouent un rôle prépondérant. Entre elles et les nayika, les échanges sont de tous ordres : tantôt l'humour y prédomine, tantôt la circonspection, tantôt la moquerie gentille ; parfois même les amies combinent ensemble des ruses au service de l'amour. Ici la sakhi donne à la nayika des conseils de prudence. Elle semble avoir conscience, plus que la nayika, des commentaires que suscite la passion de la jeune femme pour son amant dans le village et le voisinage. La nayika n'hésite pas à prendre des risques car son amour est si fort qu'il ne souffre aucune attente, aucun retard ; la sakhi le sait et ne cherche donc pas à empêcher l'héroïne d'aller rencontrer son amant, mais elle lui recommande la prudence en ces termes :

> « Ô amie ! Va donc vers le bosquet où t'attend Krishna, le porteur de guirlandes de fleurs sauvages. Mais sois prudente, prends garde aux abeilles qui voltigent et bourdonnent pendant le jour et aux perdrix, *chakora*, qui rôdent la nuit en poussant incessamment leur cri. »

Il est clair que ce n'est ni des abeilles, qui s'affairent durant le jour, ni des perdrix, que mythes et poèmes nous montrent sortant la nuit pour contempler la lune, que la compagne de la nayika lui demande de se défier : ce ne sont que les symboles des langues bavardes et mal intentionnées qui ont commencé à s'agiter dans le village à propos de son amour. Les abeilles représentent les personnes qui tournent autour d'elle pour meubler leur désœuvrement et les perdrix celles qui pourraient être attirées par sa beauté comme les chakora qui, la nuit, gardent les yeux fixés sur la lune.

Alors que les situations envisagées par la sakhi se présentent l'une le jour, l'autre la nuit, le peintre marque une nette préférence pour la nuit ; il peut ainsi employer une gamme de coloris différente et donner à son œuvre une note romantique grâce à la pleine lune et aux perdrix disséminées parmi les arbres du bosquet.

Le texte de la *Rasamanjari* ne se réfère pas souvent directement à Krishna. Ici, pour une fois, il le fait et lorsque le peintre donne à l'amant l'apparence du dieu bleu, il peut se retrancher derrière l'autorité du poète.

VEILLE SUR CETTE FLAMME, Ô KRISHNA

Peinture extraite d'un ensemble illustrant la *Rasamanjari*.
Gouache sur papier.
Pahari, 3e quart du XVIIe siècle ; d'un atelier de Basohli.
Au dos, poème sanskrit ; sur le bord supérieur, la légende définit la situation : « Relation de l'état de détresse de l'héroïne. »
Dogra Art Gallery, Jammu ; n° 341.

Parmi les fonctions éminemment utiles que remplissent au moment opportun les compagnes de la nayika, figure celle qui consiste à faire connaître à l'amant oublieux l'état physique et moral de sa bien-aimée. Quand elle ne reçoit pas de l'amant les soins escomptés et qu'il la néglige même au-delà de toute limite, la nayika sombre dans la prostration ; elle ne peut supporter ni l'idée d'être séparée plus longtemps de son amant ni la souffrance d'être aussi continûment délaissée par lui. Le poète n'emploie pas ici les termes génériques d'amant et de bien-aimée, mais donne à ses héros des noms spécifiques. La nayika n'est autre que Radha, célébrée dans les mythes et dans les légendes, et le héros n'est autre que Krishna. Comme on le sait par d'autres textes, Radha est en un sens une Parakiya, elle « appartient à un autre » ; son amour pour Krishna, si intense et sublime qu'il soit, est donc en contradiction avec toutes les règles morales — sur le plan humain s'entend. Quant à Krishna, il peut se montrer inconstant ; il peut aussi simplement la taquiner, lui jouer un tour. Il semble en tout cas qu'en l'occurrence, malgré l'amour profond qu'il lui porte, il ne l'ait pas entourée comme il le fallait. C'est la raison de l'entrée en scène des sakhi puisque ce sont elles qui plaident auprès de lui la cause de leur amie :

> « Cette Radha au visage de lune et à la beauté exceptionnelle fut faite flamme afin que la terre entière en fût illuminée. Mais maintenant (qu'elle est séparée de toi) cette flamme diminue et vacille ; elle est près de s'éteindre. Nous te prions, Krishna, en toute humilité, de veiller sur elle en ce moment critique où sa mèche s'amenuise. Sinon les trois mondes seront plongés dans l'obscurité. »

Le peintre se réfère ici à un des nombreux « états dans la séparation » que décrivent souvent les textes ; il montre Radha en état de prostration, jadata, les pupilles presque révulsées, les membres inertes. S'appuyant aussi sur le fait que les textes donnent toujours à Krishna et à Radha un grand nombre de sakhi, c'est à trois des compagnes de Radha qu'il fait prononcer les paroles de supplication. Krishna, quant à lui, n'a pas l'air particulièrement endurci ni récalcitrant, comme si l'abandon où il avait laissé Radha n'était qu'une sorte de jeu.

Dans les propos des sakhi, le poète se complaît à jouer avec les mots. Ainsi, lorsqu'elles demandent à Krishna de raviver la flamme vacillante de la lampe qui n'est autre que Radha, elles lui suggèrent d'user du *sneha*, mot qui signifie à la fois « amour » et « huile ». Le fait de présenter la nayika comme la lumière éclairant les trois mondes n'est pas si excessif considérant qu'elle n'est pas une mortelle ordinaire mais Radha en personne, l'éternel amour de Krishna. Le peintre, quant à lui, prend un plaisir manifeste à trouver pour chaque personnage l'attitude appropriée à son état d'âme et à sa situation : attitude énergique et pleine d'élan pour Krishna, attitude d'humble supplication pour les sakhi, attitude enfin de totale détresse pour Radha.

LE VERT RENDEZ-VOUS

Détail d'une peinture extraite d'un ensemble illustrant la *Rasamanjari*.

On éprouve toujours un très grand plaisir à voir l'extrême liberté avec laquelle le peintre rajput soumet les formes de la nature à l'usage qu'il veut en faire ou même en invente de nouvelles. Non seulement il joue à son gré avec la dimension des arbres et des plantes, mais encore il crée toute une flore comme si cette « botanique de l'imaginaire » signifiait pour lui beaucoup plus qu'un rendu exact des réalités naturelles. Tout ceci est en effet voulu : les distorsions, les exagérations servent des desseins picturaux bien définis tandis que les couleurs répondent à des nécessités d'ordre émotionnel. Si les arbres ont des proportions normales dans une peinture alors que dans une autre leur taille est excessive ou leur feuillage exagérément épais, c'est qu'il s'agit dans le second cas de préserver les amants des regards indiscrets ; si des feuilles sont répandues sur le sol, c'est pour traduire un état d'esprit sur un mode paisible mais en même temps bien affirmé. Les bosquets évoquent la passion passée ou présente tandis que l'arrangement toujours harmonieux des lits de feuillage est promesse d'union.

LES PRINCIPALES CLASSIFICATIONS DES **NAYIKA** SELON LA **RASAMANJARI** DE BHANUDATTA

A. Nayika

- (1) **Svakiya ou Sviya** (Celle qui s'appartient)
- **(2) Parakiya** (Celle qui appartient à un autre)
- **(3) Samanya** (La courtisane)

A (1) Svakiya ou Sviya (Celle qui s'appartient)

- **Mugdha** (L'ingénue)
  - **Ajnatayauvana** (Celle qui n'a pas conscience de la venue de l'adolescence)
  - **Jnatayauvana** (Celle qui a conscience de la venue de l'adolescence)
    - **Navodha** (La timide nouvelle épousée)
    - **Vishrabdha navodha** (Celle qui est attirée vers l'amant avec un mélange de timidité et de confiance en soi)
    - **Ativishrabdha navodha** (Celle qu'animent la confiance en soi et la confiance envers l'amant)
- **Dhira** (La patiente qui manifeste sa colère devant une faute commise par l'ama au moyen d'une calme ironie)

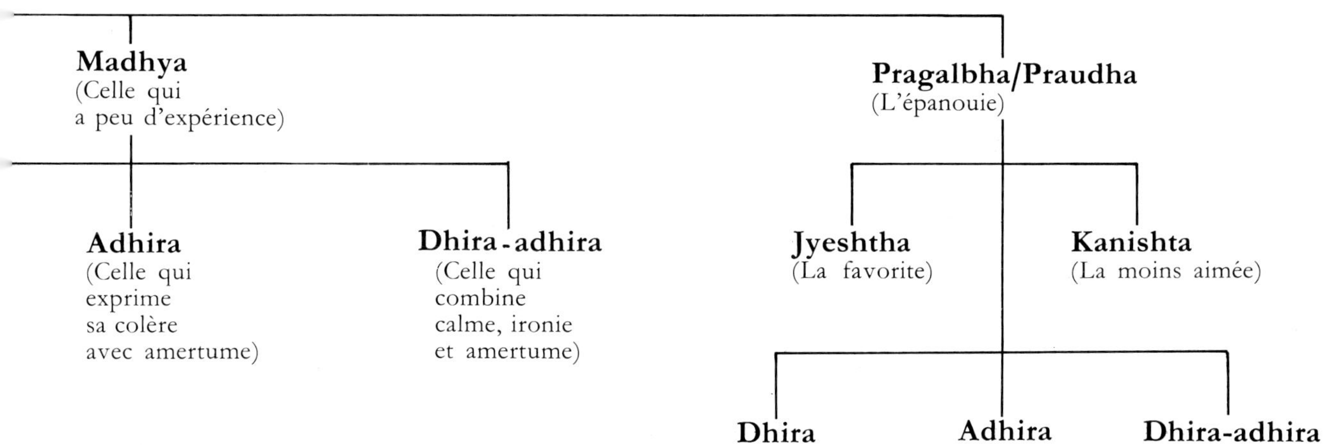
Madhya
(Celle qui
a peu d'expérience)
Pragalbha/Praudha
(L'épanouie)
Adhira
(Celle qui
exprime
sa colère
avec amertume)
Dhira-adhira
(Celle qui
combine
calme, ironie
et amertume)
Jyeshtha
(La favorite)
Kanishta
(La moins aimée)
Dhira
Adhira
Dhira-adhira

A (2) Parakiya (Celle qui appartient à un autre)

- **Parodha** (Mariée à un autre)
- **Kanyaka** (Non mariée)

- **Gupta** (Celle qui réussit à cacher sa relation amoureuse)
- **Kulata** (Celle qui recherche assidûment la compagnie des amants)
- **Vag-vidagdha** (Celle qui exprime avec subtilité son désir d'union)
- **Anushayana** (Celle qui s'attriste de ce que son lieu de rendez-vous soit connu)
- **Lakshita** (Celle dont la relation clandestine n'est connue que d'un tout petit nombre)
- **Mudita** (Celle qui se réjouit à la perspective de l'union)

A (3) Samanya (La courtisane)

- **Anya-sambhoga dukhita** (Celle qui s'attriste de savoir que son amant s'intéresse à une autre)
- **Vakrokti-garvita** (Celle qui fait étalage de sa fierté à travers d'habiles paroles)
- **Manavati** (Celle qui est irritée de la mauvaise conduite de l'amant mais ne l'exprime pas)

B Nayika (Classification d'après les dispositions naturelles)

- **Uttama**
  (Celle dont
  les disposition naturelles
  sont supérieures)
- **Madhyama**
  (Celle dont
  les dispositions naturelles
  sont moyennes)
- **Adhama**
  (Celle dont
  les dispositions naturelles
  sont inférieures)

C. Nayika (Classification d'après les situations amoureuses)

- **Utka**
  (Celle qui
  attend son amant
  et se languit de lui)
- **Proshita-patika**
  (Celle dont
  l'amant
  est parti
  au loin)
- **Vasakasajja**
  (Celle qui
  attend l'amant
  et a préparé le lit)
- **Khandita**
  (Celle qui
  reproche amèrement
  à son amant
  son infidélité)
- **Svadhina-patika**
  (Celle dont
  l'amant est soumis
  à ses volontés)
- **Kalahantarita**
  (Celle qui
  est pleine de remords
  après une querelle
  avec son amant)
- **Abhi-sarika**
  (Celle qui
  part à la recherche
  de son bien-aimé)
- **Vipra-Iabdha**
  (Celle qui
  est exacte
  au rendez-vous
  mais la nuit passe
  sans que vienne
  son amant)
- **Pravatsya-patika***
  (Celle dont
  l'amant va partir
  incessamment)

* Il s'agit d'une catégorie supplémentaire qui n'est pas incluse en général dans cette classification.

A. Nayaka

- (1) **Pati**
  (Le mari)
- (2) **Upa-pati**
  (L'amant)
- (3) **Vaishika**
  (Le « galant », celui qui se plaît en la compagnie des courtisanes)

A (1) **Pati**

- **Shatha**
  (Le fourbe)
- **Anukula**
  (Le fidèle)
- **Mani**
  (Le hautain)
- **Dakshina**
  (Le courtois, le prudent)
- **Chatura**
  (L'astucieux)
- **Dhrishta**
  (L'entreprenant)

BIBLIOGRAPHIE

ARCHER, W. G.,
Indian Paintings from de Punjab Hills, 2 vols., Londres, New York, 1973.
- *The Loves of Krishna in Indian Painting and Poetry*, Londres, 1957.
- « Romance and Poetry in Indian Painting », *Journal of the Royal Society of Arts*, 1957, CV, n° 5014.

BHARATA Muni,
Natyasastra, éd. et trad. par M. Ghosh, 4 vol., Calcutta, 1956-1967.

BHANUDATTA Mishra,
Rasamanjari, accompagné d'un commentaire sous le titre *Sushma* par Jagannath Pandit, Varanasi, 1951.

COOMARASWAMY, Ananda K.,
Catalogue of the Indian Collection in the Museum of Fine Arts, Boston, Part V, Rajput Painting, Boston, 1926.
- « The Eight Nayikas », *Journal of Indian Art & Industry*, octobre 1914, XVI, n° 128.
- *Rajout Painting*, 2 vols., Oxford, 1916.

DIMOCK, Edward C. et LEVERTOV, Denise,
In praise of Krishna : *Songs for the Bengali*, New York, 1967.

EASTMAN, A. C.,
The Nala Damayanti Drawings, Boston, 1959.

GOSWAMY, B. N.,
« Pahari Painting : The Family as the Basis of Style », *Marg*, septembre 1968, vol. XXI, n° 4.
- *Pahari Paintings of the Nala Damayanti Theme*, New Delhi, 1975.
- *Rasa : les neuf visages de l'art indien*, catalogue de l'exposition d'art indien au Grand Palais, Paris, 1986.

INGALLS, Daniel H. H.,
An Anthology of Sanskrit Court Poetry, Cambridge, 1965.

JAYADEVA,
Jayadeva's Gita Govinda, Love Songs of the Dark Lord, éd. et trad. par Barbara Stoler Miller, New Delhi, 1978.
- *Le Gita Govinda, pastorale de Jayadeva*, trad. par Gaston Courtillier, Paris, 1re éd. 1904, rééd. 1977.

KESHAVADASA,
Rasikapriya, avec un commentaire de Vishwanath Prasad Mishra, Varanasi, 1958.

KEYT, George,
Shri Jayadeva's Gita Govinda, Bombay, 1947.

KHANDALAVALA, Karl J.,
Pahari Miniature Painting, Bombay, 1958.

KHANDALAVALA, Karl J. et CHANDRA, M.,
« The Rasamanjari in Basohli Painting », *Lalit Kala*, 1956-1957, nos 3-4.

Krishna l'amant divin, mythes et légendes dans l'art indien, éd. par E. Isacco sous la responsabilité rédactionnelle du prof. Anna L. Dallapiccola, Lausanne, 1982.

RAGHAVAN, V.,
The Sringaramanjari of Saint Akbar Shah, Hyderabad, 1951.

RANDHAWA, M. S.,
Basohli Painting, New Delhi, 1959.
- « Eight Nayikas from Arki », *Times of India Annual*, Bombay, 1962.
- *Kangra Paintings of the Gita Govinda*, New Delhi, 1963.
- *Kangra Paintings on Love*, New Delhi, 1962.
- « A Note on Rasamanjari Paintings from Basohli », *Roopalekha*, 1960, vol. XXXI, n° 1.

RANDHAWA, M. S. et BHAMBRI, S. D.,
« Basohli Paintings of Bhanudatta's Rasamanjari, *Roopalekha*, 1967, vol. XXXVI, nos 1-2.
- *Basohli Paintings of the Rasamanjari*, New Delhi, 1981.

MAQUETTE : ATELIER DANIEL LEPRINCE
GRAVURE DES ILLUSTRATIONS : EUROCROM 4, PRODIMA ET
PHOTOGRAVURE DU VAISSEAU.

L'INDE DU TENDRE A ÉTÉ ACHEVÉ D'IMPRIMER SUR LES PRESSES
DE L'IMPRIMERIE LAZARE-FERRY À PARIS, LE 30 JANVIER 1987.